clave

OSHO

Moral, inmoral y amoral

¿Qué está bien y qué está mal?

DEBOLS!LLO

El papel utilizado para la impresión de este libro ha sido fabricado a partir de madera
procedente de bosques y plantaciones gestionadas con los más altos estándares ambientales,
garantizando una explotación de los recursos sostenible con el medio ambiente y beneficiosa para las personas.

Moral, inmoral y amoral
¿Qué está bien y qué está mal?

Título original: *Moral, Inmoral, Amoral, What Is Right and what Is Wrong?*

Primera edición en Debolsillo: marzo, 2021

D. R. © 2010, 2010 OSHO INTERNATIONAL FOUNDATION, Suiza.
www.osho.com/copyrights

Osho® es una marca registrada de OSHO INTERNATIONAL FOUNDATION.
Para mayor información favor de dirigirse a osho.com/trademark

El material de este libro es una selección de una serie de charlas de
OSHO que responden a las preguntas formuladas por una audiencia en
vivo. Todos los discursos de OSHO han sido publicados íntegramente
en inglés y están también disponibles en audio. Las grabaciones originales
de audio y el archivo completo de textos se pueden encontrar
online en la Biblioteca OSHO: www.osho.com.

D. R. © 2021, derechos de edición para América Latina y Estados Unidos en lengua castellana:
Penguin Random House Grupo Editorial, S. A. de C. V.
Blvd. Miguel de Cervantes Saavedra núm. 301, 1er piso,
colonia Granada, alcaldía Miguel Hidalgo, C. P. 11520,
Ciudad de México

penguinlibros.com

D. R. © 2017, Roxanna Erdman, por la traducción

Diseño de portada: Penguin Random House / Scarlet Perea
Fotografía de portada: © Istock by Getty Images
Fotografía de autor: © Osho internacional foundation

ISBN: 978-607-319-681-9

Impreso en México – *Printed in Mexico*

ÍNDICE

INTRODUCCIÓN

El hombre puede vivir de dos maneras: conforme a los dictados de otros —los puritanos, los moralistas— o de acuerdo con su propia luz. Es fácil seguir a otros, es conveniente y cómodo, porque si se sigue a otros ellos se sienten bien y están contentos con uno.

Nuestros padres están felices si seguimos sus ideas, aunque carezcan de valor porque no han iluminado sus vidas, y es evidente que así es. No pueden ver un hecho simple: que su vida ha sido un fracaso, que no ha sido creativa, que nunca ha tenido el sabor de la dicha, que no han sido capaces de descubrir la verdad. No han conocido el esplendor de la existencia, no tienen idea de lo que es. Sin embargo, sus egos insisten en que sus hijos deben ser obedientes, que deben seguir sus dictados. Los padres hindúes forzarán a sus hijos a ser hindúes, y ni por un momento pensarán en qué les ha ocurrido. Han seguido esas ideas toda su vida y su vida es vacía; nada ha florecido. Han vivido en la miseria, en el infierno, y sus hijos vivirán en la miseria y en el infierno, pero ellos creen que aman a sus hijos. Con toda la buena intención y destruyen el futuro de sus hijos.

Los políticos intentan en todas las formas posibles que la sociedad viva conforme a sus ideas, y desde luego fingen ante otros y ante ellos mismos que están realizando un «servicio público». Y todo lo que están haciendo es destruir la libertad de las personas. Están tratando de imponer ciertas supersticiones que sus padres, sus líderes y sus sacerdotes les impusieron.

Los políticos, los sacerdotes, los pedagogos; todos tratan de crear una falsa humanidad, de crear seres humanos no sinceros. Tal vez no ha sido ése su propósito, pero eso es lo que ha ocurrido. Y un árbol es juzgado por sus frutos; no importa cuál haya sido la intención del jardinero. Si sembró semillas de hierba y esperaba, pretendía, deseaba que crecieran rosas sólo por sus buenas intenciones, no saldrán rosas de las hierbas: ha destruido todo el campo. Imponer una estructura de carácter a una persona es hacerla no sincera, es volverla hipócrita.

La sinceridad significa vivir de acuerdo con tu propia luz. Por eso el primer requisito para ser sincero es ser meditativo. Lo primero no es ser moral, no es ser virtuoso: lo más importante es ser meditativo, de modo que puedas hallar una pequeña luz dentro de ti y comenzar a vivir de acuerdo con ella. Y a medida que vives, esa luz crece y te da una profunda integridad. Como viene de tu propio ser interior, no hay división.

Cuando alguien te dice: «haz esto, se *debe* hacer», naturalmente crea una división dentro de ti. No quieres hacer eso, quieres hacer otra cosa. Pero alguien —los padres, los políticos, los sacerdotes, aquellos que tienen el poder— quiere que sigas cierta ruta. Tú nunca quisiste seguirla, así que la seguirás contra tu voluntad. No pondrás el corazón en ella, no estarás comprometido con ella ni te involucrarás con ella. Irás por ella como un esclavo. No es tu elección; no viene de tu libertad.

La sinceridad significa no llevar una doble vida... y casi todo el mundo lleva una doble vida. Dicen una cosa y piensan otra. Nunca dicen lo que piensan, dicen lo que es conveniente y cómodo, lo que será aprobado, aceptado. Dirán lo que otros esperan. Ahora lo que dicen y lo que piensan se vuelven dos mundos separados. Dicen una cosa, siguen haciendo otra, y luego, naturalmente, tienen que esconderla. No pueden exponerse porque entonces la contradicción quedará al descubierto y estarán en problemas. Hablan de cosas bellas y llevan una vida fea.

Esto es lo que la humanidad se ha hecho a sí misma hasta ahora. Ha sido un pasado de pesadilla.

El hombre nuevo es una necesidad absoluta porque el viejo está podrido por completo. El viejo está en conflicto continuo consigo mismo, en lucha consigo mismo. Lo que hace lo lleva a sentirse miserable. Si sigue su propia voz interna siente que va en contra de la sociedad, en contra de la gente de poder, en contra de lo establecido. Y lo establecido ha creado una conciencia en nosotros; esa conciencia es un procedimiento muy tramposo, una estrategia. Es el policía dentro de nosotros, implantado por la sociedad, que insiste en condenarnos: «Esto está mal, no es correcto. No debes hacerlo, debes sentirte culpable… eres inmoral».

Si sigues tu propia voz, tu conciencia está en conflicto contigo; no te dejará en paz, te atormentará, te hará la vida imposible. Y tendrás miedo de que alguien se entere. Y es muy difícil de ocultar, porque la vida significa relacionarse: alguien tendrá que saber, alguien tendrá que descubrirlo; no estás solo.

Por eso los cobardes escaparon a los monasterios, a las cuevas del Himalaya, por una sola razón: que allá nadie los encontrará. Pero, ¿qué vida se puede llevar en una cueva? ¡Ya has cometido suicidio! Estar en una cueva es estar en una tumba… y vivo. Si estás muerto en una tumba, parece bien… ¿dónde más podrías estar? Pero, ¿vivo y en una tumba? ¡Es un verdadero infierno!

En los monasterios las personas llevan una vida miserable. Sus caras largas son un resultado simple de una vida cobarde. Si uno está en el mundo, viviendo con la gente, no puede esconderse mucho tiempo; se puede engañar a algunas personas por un tiempo, pero no para siempre. Y, ¿cómo puede engañarse a sí mismo? Aun si los demás no lo descubren, uno sabe que lleva una doble vida… y vive con culpa.

Todo el mundo siente culpa, y los sacerdotes quieren que sintamos culpa, porque mientras más culpables seamos, más estamos en sus manos. Tenemos que acudir a ellos para librarnos de la culpa. Tenemos que ir al Ganges a darnos un baño, tenemos que ir a La Meca, a La Kaaba, para librarnos de la culpa. Tenemos que ir a confesarnos con el sacerdote católico para librarnos de la culpa. Tenemos que ayunar y someternos a otras austeridades y penitencias para castigarnos. ¡Todos éstos son castigos! Pero, ¿cómo podemos ser felices? ¿Cómo podemos sentirnos alegres y dichosos? ¿Cómo podemos regocijarnos en una vida en la que continuamente nos sentimos culpables, nos castigamos y nos condenamos?

Y si elegimos *no* seguir nuestra voz interior, y seguimos los dictados de otros —le llaman moralidad, etiqueta, civilización, cultura—, entonces también esa voz interior comenzará a acosarnos continuamente. Nos dirá que no somos fieles a nuestra naturaleza. Y si sentimos que somos infieles a nuestra naturaleza, nuestra moralidad no puede ser un regocijo; sólo será un gesto vacío.

Eso es lo que le ha ocurrido al hombre: se ha vuelto esquizofrénico.

Mi esfuerzo aquí es para ayudarte a volverte uno. Por eso no enseño moralidad alguna, de ningún carácter. Todo lo que enseño es meditación, para que puedas escuchar tu voz interior con más claridad y seguirla a cualquier costo. Porque si sigues tu voz interior sin sentirte culpable, tu recompensa será inmensa, y al mirar atrás verás que el costo no fue nada. Parecía enorme al principio, pero cuando hayas llegado al punto en que la sinceridad se vuelve natural, espontánea —cuando ya no hay división en ti—, verás que ocurre una celebración y que el precio que has pagado no es nada comparado con ella.

1

DE LA ACCIÓN
A ESTAR ALERTA

Tus acciones no me conciernen; tu consciencia sí.

*Si tu consciencia te permite hacer algo, está bien: hazlo.
No te preocupes por ninguna escritura sagrada, por ningún
profeta. Y si tu consciencia no te permite hacer algo,
no lo hagas. Aun si Dios te dice, «¡Hazlo!», no hay manera:
no puedes hacerlo.*

Por favor habla de la moralidad

La cuestión de la moralidad es inmensamente significativa,
porque la moralidad no es lo que nos han dicho durante siglos.
Todas las religiones han explotado la idea de moralidad. La
han enseñado en formas diferentes, pero el fundamento es el
mismo: si uno no se vuelve moral, ético, no puede ser religioso.

Por «moralidad» quieren decir que uno tiene que ser verdadero, honesto, caritativo, compasivo, tiene que ser no violento. En una palabra, todos estos grandes valores tienen primero
que estar presentes en uno, y sólo entonces puede uno avanzar
hacia ser religioso. Todo este concepto está al revés. Según yo,

si uno no es religioso no puede ser moral. La religiosidad viene primero; la moralidad es sólo un producto lateral. Si uno convierte el producto lateral en el objetivo del carácter humano, creará una humanidad afligida y triste... y por una buena razón. Está poniendo la carreta delante de los caballos. Ni los caballos ni la carreta se pueden mover; los dos están atorados.

¿Cómo puede una persona ser verdadera si no sabe lo que es la verdad? ¿Cómo puede ser honesta si ni siquiera sabe quién es? ¿Cómo puede ser compasiva si no conoce la fuente del amor dentro de sí misma? ¿De dónde sacará la compasión? Todo lo que puede hacer en nombre de la moralidad es volverse un hipócrita, un fingidor. Y no hay nada más repugnante que ser un hipócrita. Uno puede simular, esforzarse mucho, pero todo será superficial, a ras de piel. Si rascamos un poco a esa persona encontraremos los instintos animales vivos por completo, listos para cobrar venganza siempre que tengan la oportunidad.

Poner la moralidad antes que la religiosidad es uno de los mayores crímenes que las religiones han cometido contra la humanidad. La sola idea produce un ser humano reprimido. Y un ser humano reprimido está enfermo, psicológicamente dividido, en lucha constante consigo mismo, intentando hacer cosas que no desea hacer.

La moralidad debería ser algo muy relajado y fácil, igual que nuestra sombra: uno no tiene que tirar de ella, sencillamente viene por sí misma. Pero esto no ha pasado; lo que ha ocurrido es una humanidad psicológicamente enferma. Todo el mundo está tenso, porque haga uno lo que haga hay un conflicto sobre si es correcto o incorrecto. La naturaleza va en una dirección, el condicionamiento va en la dirección opuesta. Y una casa dividida no puede permanecer en pie mucho tiempo. Así que todo el mundo está intentando de algún modo mantenerse completo; de otra manera siempre está allí, al lado de uno, el peligro de sufrir un colapso nervioso.

Yo no enseño moralidad en absoluto. La moralidad debe venir por sí misma. Yo te enseño directamente la experiencia de tu propio ser. A medida que te vuelves más silencioso, sereno, tranquilo y calmado, a medida que empiezas a experimentar tu propia consciencia, y tu ser interior se vuelve más y más centrado, tus acciones reflejarán tu moralidad. No será algo que decidas hacer, será tan natural como las rosas en un rosal. No es que la rosa haga grandes austeridades, o ayune, o rece a Dios y se discipline conforme a los Diez Mandamientos; el rosal no hace nada. El rosal sólo necesita ser alimentado sanamente y las flores saldrán a su debido tiempo, con gran belleza, sin esfuerzo.

Una moralidad que viene con esfuerzo es inmoral. Una moralidad que viene sin esfuerzo es la única que hay.

Por eso yo no hablo de moralidad, porque la moralidad es lo que ha creado tantos problemas para la humanidad... en todos los aspectos. Nos ha dado ideas preconcebidas sobre lo que es lo correcto y lo incorrecto. En la vida las ideas preconcebidas no funcionan porque la vida sigue cambiando, como un río... dando nuevos giros, avanzando hacia nuevos territorios... de las montañas a los valles, de los valles a las praderas, de las praderas al océano.

Heráclito tiene razón cuando dice: «Nadie se baña dos veces en el mismo río», porque siempre está fluyendo. La segunda vez que entramos en él, el agua es diferente. Estoy tan de acuerdo con Heráclito que te digo que no puedes entrar en el mismo río ni siquiera una vez, porque cuando tus pies tocan su superficie el agua debajo está fluyendo; cuando tus pies se sumergen más, el agua en la superficie está fluyendo, y para cuando has tocado el fondo, tanta agua ha pasado... que no es la misma agua. No se puede decir que tu paso haya entrado en el mismo río.

La vida es como ese río, un flujo. Y tú llevas a cuestas dogmas fijos. Nunca eres apto, porque si sigues tus dogmas, tienes que ir contra la vida; si sigues la vida, tienes que ir contra tus dogmas.

Por tanto, todo mi esfuerzo consiste en hacer que tu moralidad sea espontánea. Debes estar consciente y alerta, y responder a cada situación con absoluta consciencia. Entonces cualquier cosa que hagas estará bien. No es cuestión de que tus acciones sean correctas o incorrectas. Es cuestión de consciencia, de si lo hacen con consciencia o sin consciencia, como un robot.

Toda mi filosofía se basa en hacer tu consciencia más elevada, más profunda, hasta el punto en que no quede inconsciencia dentro de ti, en que te hayas convertido en un pilar de luz. En esta luz, en esta claridad, hacer cualquier cosa indebida se vuelve imposible. No es que tengas que evitar hacerla; aun si quieres hacerla, no puedes. Y en esta consciencia, cualquier cosa que haces se vuelve una bendición.

Tu acción a partir de la consciencia es moral, a partir de la inconsciencia es inmoral… puede ser la misma acción. Me recuerda una vieja historia:

Un rey se estaba haciendo viejo y le dijo a su único hijo, quien sería su sucesor:

—Antes de que muera tienes que aprender el arte de la moralidad, porque un rey tiene que ser un modelo para todos en el reino; nada en tus acciones debe ser indebido. Así que hoy te envío con mi viejo maestro. Yo soy viejo, él es más viejo aún, así que no pierdas tiempo. Aprende todo con intensidad, por completo, sin desperdiciar un momento.

El príncipe acudió donde el maestro y quedó sorprendido por el hecho de que era un maestro de esgrima.

—¿Qué tiene que ver la esgrima con la moralidad? ¿Acaso mi padre se ha vuelto senil?

Pero había viajado hasta las montañas, así que pensó: «Será mejor que vea al anciano siquiera una vez».

Entró. El anciano era extraordinariamente hermoso y grácil, rodeado por un aura de silencio y paz. El príncipe pensaba encontrarse con un guerrero, un espadachín, pero éste era un sabio. Cada vez estaba más perplejo.

—¿Eres tú el maestro de esgrima? —preguntó.

—Correcto —le respondió,

—Me envía mi padre, el rey, que es tu discípulo, para aprender moralidad de ti. No veo ninguna conexión entre la moralidad y la esgrima.

El anciano sonrió y dijo:

—Pronto la verás.

El príncipe dijo:

—Tengo prisa. Mi padre es viejo y quiero cumplir su deseo antes de que muera.

El maestro respondió:

—Entonces vete, porque estas cosas no se pueden aprender de prisa. La paciencia, la paciencia infinita es el fundamento del aprendizaje de cualquier arte, sea esgrima o moralidad.

Mirando a los ojos al anciano, el príncipe decidió quedarse. Dijo:

—¿Cuándo empezarán mis lecciones?

—Ya han empezado —contestó el anciano—. La paciencia es tu primera lección. Y sobre la siguiente tengo que advertirte. La segunda lección es que tienes que limpiar los pisos, el jardín, recoger las hojas secas, tirarlas. Ten mucho cuidado, porque podría pegarte con una espada de madera en cualquier momento. Aunque es de madera, golpea duro en verdad. Ha fracturado a muchos.

El príncipe dijo:

—¡Pero vine aquí a aprender moralidad, no a sufrir fracturas!

El anciano respondió:

—Eso llegará en su momento, esto es sólo el principio.

El príncipe estaba perplejo, confundido… pero conocía a su padre: si regresaba con las manos vacías, el viejo rey se enfurecería. Tenía que aprender. A ambos lados tenía dos ancianos locos… «¡Y este hombre tratará de enseñarme moralidad a golpes! Pero veamos qué sucede».

¡Y el maestro comenzó a golpearlo! En algún momento estaba lavando el piso y de pronto llegaba un golpe. Limpiaba el caminito del jardín y llegaba un golpe. Pero le sorprendió darse cuenta de que en el curso de una semana comenzó a desarrollarse en él una especie de intuición. Cada vez que el anciano se acercaba, él se alejaba de un salto. Cualquier tarea que estuviera haciendo, cierta parte de su consciencia estaba alerta continuamente al anciano, a su presencia. El anciano caminaba en forma tan silenciosa que era casi imposible percibirlo, pero el joven príncipe comenzó a tener consciencia porque, con tanto golpe, ¡todo el cuerpo le dolía!

Continuó así un mes. Pero en un mes se volvió tan diestro que el anciano ya no pudo pegarle. El maestro dijo:

—En verdad eres hijo de tu padre. Él también era muy atento, intenso e íntegro en el aprendizaje; no te llevará mucho tiempo. Tu primera lección termina hoy, porque durante veinticuatro horas he intentado pegarte, pero siempre has estado alerta y te has puesto a salvo. A partir de mañana tendrás que estar más alerta, porque remplazaré la espada de madera con una de verdad. La de madera cuando mucho te habría causado una fractura, pero la de verdad podría incluso cortarte la cabeza. Así que necesitarás estar más alerta.

Pero ese mes había sido de gran aprendizaje. El príncipe nunca se había dado cuenta de que en su interior hubiera tal posibilidad de consciencia intuitiva. Tenía buena formación intelectual, pero no tenía idea de ninguna intuición. Y no tuvo miedo de la espada de verdad, porque dijo:

—Es lo mismo, si no puedes golpearme con la espada de madera, tampoco podrás con la de verdad; no hay diferencia para mí.

Durante un mes el anciano trató en todas las formas posibles de golpearlo con la espada de verdad, y naturalmente el príncipe se volvió cada vez más alerta: tenía que hacerlo, no había alternativa. Y pasó un mes completo y el anciano no pudo siquiera tocarlo. Estaba feliz y dijo:

—Estoy inmensamente satisfecho. Ahora la tercera lección. Hasta hoy te pegué sólo cuando estabas despierto. A partir de esta noche, recuerda que cuando estés dormido podría pegarte en cualquier momento. De nuevo comenzaré con la espada de madera.

El príncipe se inquietó un poco: despierto era una cosa, pero, ¿dormido? Pero estos dos meses le habían dado tremendo respeto, confianza en el anciano y en su arte, y también confianza en su propia intuición. Pensó: «Si él lo dice, tal vez la intuición nunca duerme».

Y así resultó en verdad. El cuerpo duerme, la mente duerme, pero la intuición siempre está despierta; su naturaleza misma es estar alerta, pero nunca la miramos. El príncipe tuvo que mirar, tuvo que permanecer alerta aun dormido.

El anciano comenzó a golpearlo, y en unas cuantas ocasiones le dio con dureza, pero el príncipe estaba agradecido, no enojado, porque después de cada golpe se volvía más y más alerta, aun en el sueño: algo como una pequeña llama permaneció vivo en él. Y en sólo un mes volvió a ser capaz de protegerse aun durante el sueño. Cuando el anciano se acercaba con mucho sigilo, sin sonido de pisadas, el joven saltaba en la cama. Estaba profundamente dormido, pero algo permanecía despierto.

A la mañana siguiente el anciano le dijo:

—Ahora la lección final: te golpearé con una espada de verdad. Y ya sabes que con mi espada, con un solo golpe estás acabado. Tienes que hacer acopio de toda tu consciencia.

El joven se preocupó un poco, tuvo algo de miedo, porque el juego se volvía cada vez más peligroso.

Con el primer sol de la mañana el anciano leía un libro, y el joven recogía las hojas secas del jardín. De pronto lo asaltó un pensamiento. «Este anciano lleva meses golpeándome.

Sería una gran idea... debería tratar de golpearlo y ver si está alerta o no».

Y estaba a escasos dos o tres metros de él, sólo con este pensamiento en mente, sin haber hecho nada, cuando el anciano dijo:

—Muchacho, soy muy viejo y tu enseñanza no ha terminado. No tengas esas ideas.

El príncipe no podía creerlo. Se acercó, le tocó los pies y dijo:

—Perdóname, pero no hice nada, sólo lo pensé... fue sólo una idea.

El anciano dijo:

—Cuando te vuelves alerta por completo, hasta el sonido de los pensamientos se oye. Es cuestión de darse cuenta. No tienes que hacer nada, sólo piensa y lo sabré. Y pronto serás capaz de hacer lo mismo... sólo un poco más de paciencia.

Pronto llegó el día en que, sin ninguna razón, comenzó a estar consciente de que el anciano pensaba pegarle. El anciano estaba sentado leyendo su libro, pero la idea le llegó con tal claridad que se acercó al maestro y le dijo:

—¿Así que me vas a pegar de nuevo? Hace unos segundos escuché la idea.

El maestro dijo:

—Tienes razón, pensaba ir al terminar la página. Ahora ya no necesitas estar aquí. Sé que tu padre es viejo y te espera.

Pero el joven preguntó:

—¿Qué pasó con las lecciones de moralidad?

—Olvídate de eso —dijo el anciano—. Un hombre tan consciente sólo puede ser moral. No puede dañar a nadie, no puede robar, no puede ser descortés, será naturalmente amoroso y compasivo. Olvida la moralidad

Esta moralidad es lo que llamo religiosidad.

El príncipe regresó. El padre lo esperaba y le dijo:

—¿Has aprendido el arte de la esgrima?

El joven respondió:

—Me enviaste a aprender el arte de la moralidad. ¿De dónde sacaste la idea de la esgrima?

El rey contestó:

—Te envié a aprender moralidad. La esgrima fue sólo un ardid.

Hay muchos ardides, muchos medios y métodos de meditación para crear consciencia, para despertar tu intuición dormida. Y una vez que despierta, no hay necesidad de decirte lo que es bueno y moral, lo que es malo e inmoral; tu consciencia será decisiva por sí misma. Y será espontánea, fresca y joven, y siempre a propósito, porque todos los principios perecen. Y si tratas de ajustar tu vida a principios, también tú pereces.

Eso es lo que les ocurrió a los cristianos, a los hindúes, a los musulmanes, a los jainas, a todas las personas en el mundo: viven conforme a principios muertos, y esos principios muertos no encajan con la realidad... no pueden encajar. Sólo una consciencia espontánea...

La diferencia es algo así: tienes una fotografía tuya del año pasado, o tal vez de tu infancia, y si no sabes que es de tu infancia, tal vez ni siquiera la reconozcas porque has cambiado mucho. Esa imagen está muerta, no crece; tú creces. La moralidad es como las fotografías; la religiosidad es como un espejo. Si un niño lo mira, refleja al niño; si un anciano lo mira, refleja al anciano. Siempre es espontáneo, al momento, responde a la realidad. Un ser humano consciente es como un espejo: refleja la realidad y responde en consecuencia. Su respuesta es moral.

Así que cambio todo el énfasis de la acción de darse cuenta.

Y si cada vez más personas se vuelven conscientes, el mundo será un lugar del todo diferente. Un hombre de consciencia no irá a la guerra. Aunque las escrituras religiosas digan que sacrificarse por la nación, por la religión, es virtuoso, un hombre de consciencia no puede seguir esa idea muerta. Para él, la nación misma es una idea inmoral porque divide a la humanidad. Y la guerra sin duda es inmoral. Se pueden encontrar buenos nombres, buenas palabras —a veces es religión, a veces ideología política, a veces cristianismo, a veces comunismo—, buenas ideas, pero la realidad convierte a los seres humanos en carniceros. Uno mata a personas que nunca conoció. Y sabe perfectamente que, así como ha dejado una esposa llorando que lo espera, así como ha dejado a sus ancianos padre y madre allá en casa, esperando que su hijo regrese con vida, así como ha dejado niños pequeños, el hombre al que está matando también tiene una esposa, unos hijos, un padre y una madre. Y que no le ha hecho ningún daño a él, ni él le ha hecho daño alguno tampoco.

Si el mundo se vuelve un poco más consciente, los soldados arrojarán las armas, se abrazarán unos a otros y se sentarán a la sombra de un árbol a chismear. Los políticos no pueden obligar a los ejércitos a matar, a asesinar. Tampoco pueden los papas, los líderes religiosos, convencernos de que hay que matar en nombre de Dios. Es extraño… porque Dios nos creó a todos. Matemos a quien matemos, estamos matando una creación de Dios. Si es cierto que Dios creó el mundo, no debe haber guerra. Es una familia; no debe haber naciones. Son cosas inmorales: las naciones, las religiones, cualquier cosa que discrimine a las personas y cree conflicto.

Un hombre de consciencia no será codicioso porque será capaz de ver que la codicia genera pobreza, y que las personas que padecerán hambre y morirán por la pobreza serán sus hermanos y hermanas. No importa si viven en Etiopía o en India; no importa si su piel es blanca o negra.

La auténtica moralidad es producto colateral de la consciencia. Y el arte de la consciencia es la religión. No hay religión hindú, no hay religión cristiana, no hay religión musulmana; hay una sola religión, y es la religión de la consciencia: volverse tan atento, tan iluminado y despierto que se tengan ojos para ver con claridad y responder conforme a esa claridad.

Un hombre de consciencia no puede ser engañado con palabras. Los musulmanes dicen que si uno muere en una guerra religiosa... ¿cómo puede haber una guerra religiosa? La guerra es en esencia antirreligiosa. Pero cristianos, musulmanes y todas las demás religiones dicen que si uno muere en una guerra religiosa, la recompensa será mayor en el otro mundo. Por este acto inmoral de matar gente, uno será recompensado. Hermosas palabras, «guerra religiosa», lo cubren.

Un hombre despierto ve con profundidad y penetra a través de las palabras. Ni el Dios de ustedes puede engañarlo, ni sus libros sagrados pueden confundirlo, ni tampoco sus naciones o sus políticos. El vive de acuerdo a su consciencia. Tiene una individualidad clara como el cristal: un espejo puro al que nada ensombrece, ni una sola brizna de polvo lo cubre.

Pero durante miles de años meras palabras, y a veces causas triviales y estúpidas, han matado personas.

En la Edad Media el cristianismo quemó a miles de mujeres. Creó una ficción, la ficción del demonio. No hay demonio. ¡No hay Dios! Pero las personas han vivido en la inconsciencia, y se ha dicho a la gente que crea en cualquier cosa que dicen los líderes, los llamados santos. «Si no crees, sufrirás en el infierno; si crees, serás recompensado». La inteligencia de las personas ha sido destruida; las mantienen en el atraso. De otro modo sería imposible quemar a miles de mujeres vivas por una extraña razón... que esas mujeres tienen relaciones sexuales con el diablo. Nadie tiene relaciones sexuales con el diablo. Sólo en la Edad Media, de pronto, el diablo se interesó mucho en las mujeres, y hasta eso, sólo en Europa...

Un tribunal especial fue creado por el papa, de modo que si alguien sospechaba que una mujer tenía alguna amistad con el diablo, había que delatarla al tribunal y la mujer sería de inmediato apresada, torturada. Y la tortura era muy intensa. Habían inventado métodos especiales de tortura...

Hace apenas cinco, seis años, algo me pasó en la espalda. Había muchos trabajadores en la comuna y todos intentaron arreglarla, pero ninguno lo logró. Por último, llamaron al mayor experto del mundo, que vivía en Londres, y él sugirió una máquina llamada tracción. Llevaron la máquina y me pusieron en ella. Y mientras sujetaban los arneses y correas, recordé haber leído que la máquina de tracción fue creada en la Edad Media por los sacerdotes cristianos para torturar mujeres. Tira de las piernas hacia un lado y de las manos hacia el otro. Naturalmente tira de la espina dorsal, así que, si ésta se ha deslizado en algún punto, la endereza.

Fue una invención accidental. Una anciana a la que torturaban padeció de dolor de espalda durante veinte años, y después de la tracción, no podía creer cuando se enderezó: el dolor se había ido. Así fue como la máquina de tracción pasó de la iglesia a los hospitales. En realidad es tortura, y si se usa sólo con ese fin, se sigue tirando… a veces hasta se rompían las manos, se arrancaban las piernas. La tortura era tan intensa que las mujeres creían que era mejor confesar, porque mientras persistieran en decir «No tengo nada que ver con el diablo, no conozco al diablo», el tormento continuaba. Sólo se detenía cuando confesaban tener relaciones sexuales con el demonio. Miles de mujeres confesaron que habían tenido relaciones con el diablo. Y una vez que confesaban ante el tribunal, ya no había problema. El castigo era quemar viva a la mujer en el cruce principal de calles de la ciudad.

Nadie se molestó jamás con si había algún demonio. Era sólo una palabra: nadie lo había visto. Si hubieran torturado a esas mujeres para confesar que tuvieron relaciones sexuales con Dios, ¡también lo hubieran hecho! Hay un límite al sufrimiento que uno puede tolerar.

Sólo palabras… pero, ¿por qué las personas gozan matando, sufriendo, torturando? Porque también ellas son infelices… tanto, que no pueden ver que nadie sea dichoso, que esté jubiloso. Quieren que todos sufran más que ellas.

La moralidad ha sido un muy buen ardid para torturar a las personas: no hay que torturarlas; ellas se torturan solas. ¡Hasta hacer el amor con la propia esposa es pecado! El sexo es pecado, y todo lo relacionado con el sexo se vuelve pecado. Ahora bien, el sexo es algo natural: no hay forma de evitarlo. Así que ponen al hombre ante un dilema: fijar en su mente que el sexo es inmoral, y darle una naturaleza que es sexual y sensual.

Se ha descubierto que millones de hombres en el mundo sufren de migraña después de hacer el amor. Leí el informe de un científico cristiano: como es cristiano, su mente se ha condicionado. Intenta encontrar toda clase de causas por las que los hombres padecen migraña. Lleva un año trabajando en el proyecto. Acaba de emitir su informe, en el que da muchas causas —psicológicas, químicas—, cuando la realidad es tan simple, no hay necesidad de ninguna investigación. Lo que ocurre es que han dividido la mente de los hombres en dos partes. Una parte dice: «Lo que haces está mal. No lo hagas»; la otra dice: «Es imposible resistir la tentación. Lo voy a hacer». Esas dos partes empiezan a luchar, entran en conflicto. La migraña no es otra cosa que conflicto: un conflicto profundo en la mente. Ningún aborigen padece migraña después de hacer el amor. Los católicos sufren más que nadie porque su condicionamiento es tan profundo que crea una división en su mente. Lo que llevan siglos diciendo carece de fundamento, de evidencia, pero lo siguen repitiendo. Y una vez... aun si una mentira es repetida demasiado a menudo, comienza a parecer cierta.

Uno debe tener mucho cuidado con las palabras.

Un hombre entra en un bar y comienza a contar un chiste de polacos. El hombre sentado a su lado, un fortachón de tamaño descomunal, se vuelve y dice en tono amenazador:

—Yo soy polaco. Espera un momento y traeré a mis hijos.

Llama:

—¡Iván, ven acá y trae a tu hermano! —Dos hombres, más grandes que el primero, aparecen desde el cuarto del fondo. —Joseph —llama el hombre—. Vengan aquí tú y tu primo.

Otros dos hombres, los más grandes de todos, entran por la puerta trasera. Los cinco rodean al que contaba el chiste.

—Ahora —dice el primer polaco—, ¿quieres terminar ese chiste?

—No —responde el bromista.

—¿Y por qué no? —dice el polaco, abriendo y cerrando el puño—. ¿Tienes miedo?

—No —dice el hombre—. Es sólo que no tengo ganas de explicárselo a cinco hombres.

Las personas son muy hábiles con las palabras, que pueden ocultar cualquier realidad. El hombre tiene miedo —esos cinco hombres pueden matarlo—, pero encuentra una bella excusa: «No quiero molestarme en explicar a cinco hombres el significado del chiste».

Todas las religiones han jugado con las palabras y no han permitido que el hombre sea lo bastante inteligente para ver a través de ellas. Han creado una jungla de palabras, teologías, dogmas, credos y cultos. Y el pobre hombre simplemente lleva a cuestas toda la carga en nombre de la moralidad.

Quiero decirles: nunca se molesten por la moralidad. La única preocupación para un buscador sincero es la consciencia, más consciencia. La consciencia se encargará de sus actos. Sin ningún esfuerzo, sus actos se volverán morales: así como las flores, sin ningún acto, sin ningún esfuerzo, florecen a su alrededor.

La moralidad no es más que el estilo de vida de una persona consciente.

¿No necesita la gente cierto código de conducta? ¿Y no es necesario un carácter moral para una vida espiritual?

Todo mi esfuerzo se dirige a darles una consciencia, no un carácter. La consciencia es lo verdadero; el carácter es una entidad falsa. El carácter es necesario para quienes no tienen consciencia. Si tienes ojos, no necesitas un bastón para encontrar tu camino, para ir a tientas por tu camino. Si puedes ver, no le preguntas a otro: «¿Dónde está la puerta?». El carácter se necesita porque la gente es inconsciente. El carácter no es más que un lubricante: ayuda a llevar la vida con fluidez.

George Gurdjeff solía decir que el carácter es como un tope. Los topes se usan en los ferrocarriles; hay topes entre dos compartimientos. Si algo ocurre, esos compartimientos no chocarán uno con otro; los topes lo evitan. O es como los amortiguadores: los autos tienen amortiguadores para avanzar con suavidad, incluso en un camino de terracería. Los amortiguadores absorben los impactos.

Eso es el carácter: un amortiguador de impactos. Se dice a las personas que sean humildes. Si aprendes a ser humilde, es un amortiguador de impactos. Al aprender a ser humilde podrás protegerte de los egos de otras personas. No te lastimarán mucho; eres un hombre humilde. Si eres egoísta serás proclive a ser lastimado una y otra vez. El ego es muy sensible, así que cubres tu ego con una frazada de humildad. Ayuda, te da una especie de calma, pero no te transforma.

Mi trabajo consiste en la transformación. Ésta es una escuela alquímica. Quiero transformarlos desde la inconsciencia a la consciencia, de la oscuridad a la luz. No puedo darles un carácter; sólo puedo darles percepción, consciencia. Me gustaría que vivieran momento a momento, no según una pauta fija dada por mí o por la sociedad, la Iglesia, el Estado. Me gustaría que vivieran conforme a su propia pequeña luz de consciencia, de acuerdo con su propia consciencia. Que respondan a cada momento.

El carácter significa tener una respuesta preconcebida a todas las preguntas de la vida, de modo que cuando surja una situación se responda de acuerdo con la pauta fija. Como se responde de acuerdo con la respuesta fija, no es una verdadera respuesta, es sólo una reacción. El hombre de carácter reacciona, el hombre de consciencia responde: asimila la situación, reflexiona en la realidad como es, y actúa a partir de esa reflexión. El hombre de carácter es mecánico, funciona como un robot. Tiene una computadora en la mente, llena de información; pregúntale cualquier cosa y su computadora producirá una respuesta preconcebida.

Un hombre de consciencia simplemente actúa en el momento, no a partir del pasado y del recuerdo. Su respuesta tiene una belleza, una naturalidad, y es apropiada a la situación. El hombre de carácter siempre se queda corto, porque la vida cambia constantemente; nunca es la misma. Y sus respuestas siempre son las mismas, nunca crecen: no pueden crecer, están muertas. En la infancia le dijeron cierta cosa y se ha quedado allí. Ha crecido, la vida ha cambiado, pero la respuesta que le dieron sus padres, sus maestros o sus sacerdotes aún está allí. Así que, si algo sucede, funcionará de acuerdo con esa respuesta que le dieron hace cincuenta años. Y en cincuenta años ha pasado mucha agua por el Ganges; es una vida por completo diferente. Heráclito dice que no podemos entrar dos veces en el mismo río, y yo les digo que no pueden entrar en el mismo río ni siquiera una vez, porque fluye con rapidez.

El carácter está estancado; es un charco de agua sucia. La consciencia es un río.

Por eso no doy a mi gente ningún código de conducta. Les doy ojos para ver, una consciencia para reflexionar, un ser semejante a un espejo para que sean capaces de responder a cualquier situación que surja. No les doy información detallada acerca de qué hacer y qué no; no les doy los diez mandamientos. Y si uno comienza a dar mandamientos a las personas no puede detenerse en diez, porque la vida es mucho más compleja.

En las escrituras budistas hay treinta y tres mil reglas para un monje. ¡Treinta y tres mil reglas! Para cada situación, que tal vez nunca surja, han dado una respuesta preconcebida. Pero, ¿cómo vamos a recordar treinta y tres mil reglas de conducta? Y una persona que sea lo bastante lista para recordar treinta y tres mil reglas de conducta también lo será para encontrar siempre una salida; si no quiere hacer cierta cosa, encontrará una forma de evitarla. Si quiere hacer cierta cosa, encontrará la forma de hacerla.

He escuchado sobre un santo cristiano: alguien lo golpeó en la cara porque precisamente ese día, en su sermón había dicho: «Jesús dice que si alguien te golpea en una mejilla, le pongas la otra». Un hombre que escuchaba ese sermón quiso ponerlo a prueba, así que golpeó al santo, en verdad le dio un duro golpe en la mejilla. El santo fue fiel a su palabra: puso la otra mejilla. Pero el hombre también tenía lo suyo: ¡golpeó aún más fuerte! Y entonces vino la sorpresa: ¡el santo saltó sobre él y se puso a golpearlo! El hombre dijo: «¿Qué haces? Eres un santo, ¡y apenas esta mañana decías que si alguien te golpeaba debías poner la otra mejilla!». «Sí —dijo el santo—, pero no tengo una tercera mejilla y Jesús se detuvo en la segunda. Ahora soy libre y haré lo que quiera. Jesús no da más información al respecto».

Así exactamente ocurrió en la vida de Jesús también. Una vez dijo a un discípulo: «Perdona setenta veces». El discípulo dijo: «Está bien». Por la forma en que dijo «está bien», Jesús tuvo desconfianza y dijo: «Setenta y siete veces».

El discípulo se turbó un poco, pero dijo: «Está bien, pero los números no se detienen en setenta y siete. ¿Y qué hay con setenta y ocho? De allí en adelante soy libre, ¡puedo hacer lo que quiera!».

¿Cuántas reglas podemos hacer para las personas? Esto es tonto, insensato. Ésa es la forma en que la gente es religiosa y aun así no es religiosa: siempre encuentra un camino para salirse de esas reglas de conducta y mandamientos. Siempre puede hallar un camino por la puerta trasera.

El carácter puede, cuando mucho, darles sólo una pseudomáscara superficial. Ni siquiera profunda: basta con rascar un poco a sus santos y encontrarán al animal detrás. En la superficie parecen bellos, pero sólo en la superficie.

No quiero que ustedes sean superficiales; quiero que cambien en verdad. Pero un cambio verdadero sólo ocurre a través del centro de su ser, no de la circunferencia. El carácter pinta la circunferencia; la consciencia es la transformación del centro.

Una vez un carpintero estaba trabajando en una iglesia y se golpeó el dedo con el martillo. «¡Carajo!», gritó.

El vicario pasó en ese momento y lo escuchó.

—No puedes usar ese lenguaje aquí. Es la casa de Dios —reprendió.

—Perdón, señor vicario, pero, ¿qué va uno a decir cuando se aporrea el dedo con un martillo?

—Puedes decir: «Sálvame, Dios mío», o «Ayúdame, Jesús» —sugirió el vicario.

Más tarde, cuando el carpintero serruchaba un pedazo de madera, se cortó el dedo, el cual cayó al suelo.

—¡Sálvame, Dios mío! —gritó el carpintero. Y el dedo saltó y sanó.

—¡Carajo! —exclamó el vicario.

¿Estás incluso contra el esfuerzo de cultivar un carácter moral?

Primero, cultivar cualquier cosa es volverse *pseudo*. Cultivar significa que uno está creando alrededor de uno lo que uno no es. Significa crear una división, crear una fachada. Cultivar significa que uno vivirá camuflado; uno es una cosa y simula ser otra, uno hace una cosa y dice otra.

Cultivar significa que uno se reprimirá; por eso estoy en contra de cultivar. Cultivar no crea una moralidad verdadera; sólo crea desagradables puritanos. Sólo crea la llamada rectitud; crea personas que son simuladoras. Crea actitudes de más-santo-que-tú, eso es todo. Da gran satisfacción al ego.

También crea una prisión. Cuando uno cultiva algo, está prisionero en ello porque muy en su interior es todo lo contrario. Por ejemplo, uno es violento; puede cultivar la no violencia. ¿Cuál será el resultado? En la superficie será una delgada capa de no violencia, pero sólo en la superficie; ni siquiera penetrará la piel. Rasquemos sólo un poco a cualquier hombre no violento y encontraremos que brota la violencia. Cuidado con la gente no violenta; es la más peligrosa si uno rasca su superficie.

Si rascamos a una persona violenta, tal vez no sea tan violenta, porque no lleva dentro una violencia largamente reprimida; no acumula. Explota de cuando en cuando, así que no hay acumulación. Pero la persona no violenta, la *gandhiana*, la llamada persona religiosa, cuidado con ella: es una persona peligrosa. Lleva dentro grandes fuerzas explosivas. Basta rascar un poco y será una chispa que hará explosión; puede volverse asesina y ser muy peligrosa. Y cuando uno crea no violencia a su alrededor y por dentro hierve de violencia, vive en una prisión.

Un periódico organizó una competencia para descubrir al habitante local de principios más elevados, sobrio y bien portado. Entre las postulaciones había una que decía: «No fumo, no toco sustancias tóxicas ni juego. Soy fiel a mi esposa y nunca miro a otras mujeres. Trabajo con ahínco, soy callado y obediente. Jamás voy al teatro ni al cine. Me acuesto temprano cada noche y me levanto al amanecer.

Asisto con regularidad a una capilla cada domingo, sin falta. He sido así durante tres años… ¡pero esperen a la próxima primavera, cuando me saquen de aquí!».

Observemos a las llamadas personas morales: viven en una prisión. Y todas tienen que volverse hipócritas. Todas tienen puertas traseras en su vida, de otro modo enloquecerían. La moralidad cultivada deja sólo dos alternativas: una es volverse loco —si la persona es sincera enloquecerá— y la otra es que sea un hipócrita. Naturalmente, las personas prefieren volverse hipócritas que enloquecer, y no puedo condenarlas tampoco. Es más inteligente.

Por eso vemos hipócritas por todas partes del mundo. Están por todos lados: simuladores. Ustedes los conocen. Llevan una vida totalmente diferente detrás de los muros. Viven dos vidas, y su vida real es subterránea. Viven en tal conflicto interno, que no pueden ser felices. Y la persona que no es feliz no permitirá que nadie más sea feliz tampoco. Esas personas son tristes, tienen la cara larga; están tensas, viven en conflicto constante y angustia, y quisieran que todo el mundo viviera así. Naturalmente, condenarán toda risa. Condenarán todo lo que es lúdico, lo que es divertido. Los reducirán a ustedes a la seriedad absoluta, y la seriedad es enfermedad. Es patológica.

La vida sólo está al alcance de los que son juguetones. La vida no es para los serios; para los serios es la tumba. La vida es para los festivos, que saben cómo celebrar.

Estoy en contra de cultivar un carácter moral porque cultivar un carácter moral no nos da verdadera moralidad. Por eso estoy en contra. La verdadera moralidad no tiene que cultivarse: es una consecuencia del despertar.

Si tu conciencia no es consecuencia de la consciencia, entonces tu conciencia es fea, peligrosa, ponzoñosa. Entonces tu conciencia no es nada más que el policía que la sociedad ha implantado en ti. No es más que la voz de tus padres, los sacerdotes que gritan dentro de ti: «¡No hagas esto… haz aquello!».

No eres libre, no eres un ser humano libre; estás controlado desde dentro: una estrategia muy sutil para controlar a la humanidad. Eso es lo que llamas conciencia.

La verdadera conciencia no viene del exterior: surge dentro de ti, es parte de tu despertar. Yo no digo cultiva la moralidad; digo vuélvete más consciente y serás moral. Pero la moralidad tendrá un sabor por completo diferente. Será espontánea, no prefabricada. Estará viva momento a momento, fluida, cambiante. Reflejará todos los colores de la vida. Será apropiada al momento; será responsable. Responderás a la situación con plena percepción, no porque Moisés haya dicho que lo hagas, ni porque Cristo haya dicho que lo sigas, sino porque tu propio Dios interior siente que ésa es la manera de responder. Entonces funcionarás desde la fuente misma de la consciencia, y ésa es la verdadera moralidad. No tiene que cultivarse. Cultivado significa falso.

Por eso digo que la verdadera persona de carácter no tiene carácter. La verdadera persona de carácter no puede permitirse el lujo de tener carácter, porque el carácter significa lo que se ha aprendido en el pasado; el carácter significa lo pasado. Tienes que responder al momento presente: el carácter vendrá entre tú y el presente. Te obligará a comportarte según la pauta pasada, y cuando te comportes así jamás serás apropiado.

Así, las llamadas personas morales nunca son apropiadas, no pueden serlo. Pierden el momento. Funcionan a partir del pasado, así que no pueden relacionarse con el presente. Y sólo hay una vida, que consiste en relacionarse con el presente.

Conoció a una chica en un juego de futbol, y congeniaron tan bien, que la llevó a un espectáculo. Les fue de maravilla, así que la invitó a cenar. Disfrutaron de una cena sin apresuramientos en un buen hotel y la continuaron con un club nocturno y baile.

Hacia la medianoche, tomaban un bocadillo en una mesa para dos y él dijo:

—¿Sabes?, he pasado un tiempo magnífico desde que nos conocimos esta tarde. Creo que la hemos pasado bien juntos, ¿y tú?

—Claro —dijo ella—. También a mí me ha gustado.

—Me gustaría tomar el desayuno contigo mañana —y la miró con ansiedad—. ¿Puedo?

—Sí —contestó ella—. Me gustaría mucho.

—Muy bien. ¿Qué hago, te llamo o te doy un codazo?

Esos son los rodeos, las formas diplomáticas. Las personas llamadas morales no pueden ser directas en nada, siempre se andan con rodeos. Siempre tienen que ser cautelosas, porque tienen que conservar su máscara, no pueden dejarla caer. Una mentira lleva a otra *ad infinitum*, y poco a poco una persona se vuelve sólo un montón de mentiras.

El verdadero hombre de carácter es auténtico, es lo que es. Está desnudo por completo, no se oculta. Me gustaría que la nueva humanidad fuera de los valientes. Hemos vivido mucho tiempo como cobardes; mucho tiempo hemos sufrido como cobardes. Es tiempo de salir a campo abierto bajo el sol: ser sinceros, ser auténticos, ser lo que somos. No hay necesidad de esconderse, porque todo ser humano es exactamente igual a ti. No son santos ni pecadores, sino sólo seres humanos.

Toda la dicotomía de santos y pecadores es producto del carácter cultivado. Y les sorprenderá saber que los pecadores son más inocentes que los que llaman santos. En los ojos de los pecadores verán más la cualidad de ser como niños, más sinceridad, más inocencia, más verdad de la que jamás encontrarán en la mirada de los que llaman santos. Los ojos de éstos son astutos: tienen que serlo, porque el cultivo trae astucia.

Me gustaría una humanidad por completo distinta en el mundo, donde santos y pecadores hayan desaparecido, donde sólo haya personas auténticas, abiertas al viento, a la lluvia, al sol… ¡abiertas!

Eso será un gran problema para la sociedad, porque la persona abierta de inmediato nos causa inquietud si somos cerrados, porque la persona abierta golpea la raíz misma de nuestro ser. La persona abierta de inmediato nos hace sentir inferiores, feos, falsos. La persona abierta de inmediato nos hace sentir poco inteligentes, tontos.

Por eso Sócrates fue envenenado: era una persona abierta. No un santo, sino un hombre de tremenda consciencia. Un sabio, no un santo. Jesús fue crucificado —un sabio, no un santo— porque no llenaba la expectativa de la sociedad. Andaba con ladrones… los santos no andan con ladrones. Andaba con personas condenadas por la sociedad: jugadores, borrachos, prostitutas. Se sentía a gusto con la humanidad en conjunto, con todo el mundo. Eso no era tolerable. Los rabinos, los santos de esos días, las personas moralistas, los puritanos, no podían tolerarlo. Tenía que ser crucificado.

Esto ha ocurrido en todas las épocas. ¡Hay que detenerlo! Ya se ha crucificado bastante. Ahora tenemos que estallar en una oleada tan grande en la tierra, que aun si quisieran crucificar, no puedan encontrar tantas cruces. Se puede crucificar a un Jesús, envenenar a un Sócrates… Mi esfuerzo es crear tantas personas abiertas que se vuelva casi imposible crucificarlas y envenenarlas. Dar la calidad de la apertura, la sencillez, la inocencia a muchas personas: sólo entonces la calidad de esta sociedad podrida podrá cambiarse, podrá hacerse viva. Es aburrida, está muerta. Ya no circula vida por sus venas.

Estoy en contra del carácter moral cultivado porque no es moral ni saludable. Estoy contra el carácter porque el carácter sólo crea una armadura en torno a nosotros; es una medida defensiva, no nos permite ser abiertos. Y una persona que no es abierta vive en una tumba.

Las personas se vuelven astutas; no pueden decir lo que quieren. No pueden ser sinceras; siempre están escondiéndose, haciendo jugarretas, engañando a otros y a sí mismos. No es la manera genuina de vivir esta vida tremendamente bella.

No es la forma de apreciar este regalo de Dios. Uno debe vivir con autenticidad. La autenticidad es moralidad, y por «autenticidad» no quiero decir seguir los mandamientos de alguien, sino vivir de acuerdo con tu propia luz.

Sé una luz en ti mismo, eso es todo. Ése es mi único mensaje, y te dará carácter, un carácter que no será una prisión. Traerá moralidad, una moralidad que no será hipocresía. Y te traerá una vida por completo distinta: responsable, viva, inocente, juguetona… abrirá las puertas de lo misterioso para ti. Si eres auténtico y estás disponible, Dios lloverá sobre ti desde todas las direcciones. Te traerá grandes bendiciones: no el carácter cultivado, sino la consciencia espontánea, no cultivada.

En tu visión de la religiosidad, ¿existe el pecado?

El pecado es una técnica de las pseudoreligiones. Una verdadera religión no tiene necesidad de ese concepto en absoluto. La pseudoreligión no puede vivir sin el concepto del pecado, porque es la técnica para crear culpa en la gente.

Tendrán que entender toda la estrategia del pecado y la culpa. Si no se hace que una persona se sienta culpable, no se puede esclavizarla psicológicamente. Es imposible aprisionarla en cierta ideología, cierto sistema de creencias. Pero una vez que se ha creado culpa en su mente, se ha tomado todo lo que es valeroso en ella; se ha destruido todo espíritu de aventura. Se ha reprimido toda posibilidad de que sea un individuo por derecho propio. Con la idea de la culpa, casi se ha aniquilado el potencial humano en ella. Nunca podrá ser independiente. La culpa la obligará a depender de un mesías, de una enseñanza religiosa, de Dios, de los conceptos del cielo y el infierno, de todo eso.

Para crear culpa, todo lo que se necesita es algo muy simple: comenzar a llamar «pecados» a los errores. Son simples yerros, humanos. Ahora bien, si alguien comete un error en matemáticas —suma dos más dos y concluye que son cinco—, no se dice que ha cometido un pecado. No está alerta, no ha prestado atención a lo que hace. No está preparado, no ha hecho la tarea. Sin duda ha cometido un error. Pero un error no es un pecado. Un error no lo hace sentir culpable. Cuando mucho lo hace sentirse tonto.

Lo que las pseudoreligiones han hecho —y todas las religiones del mundo han sido pseudoreligiones hasta ahora— es explotar errores, que son por completo humanos, y condenarlos como pecados. Pecado significa que no es un simple error: has actuado contra Dios, tal es el significado de la palabra «pecado». Adán y Eva cometieron el pecado original: desobedecieron a Dios. Siempre que una persona condena a otra por cometer un pecado, está diciendo de algún modo que ésta desobedece a Dios.

Ahora bien, nadie sabe quién es ese Dios, qué cosa está en su favor y qué en su contra. Existen trescientas pseudoreligiones en la tierra. Pensemos en trescientas ciencias en la tierra, trescientas escuelas de física que se condenaran una a otra, que hallaran faltas una en la otra y declararan: «Sólo nuestra escuela es la verdadera, todas las demás confunden a la humanidad». ¿Cuál sería la situación de la Tierra si hubiera trescientas escuelas de física, trescientas de química, trescientas de medicina, trescientas de matemáticas? Todo el planeta enloquecería. Pues eso es lo que ocurrió en lo que a la religión se refiere.

Y cuando digo trescientas no cuento sectas dentro de las religiones, por ejemplo, cuento el cristianismo como una sola religión, no católicos, protestantes... que de hecho son dos religiones. Y hay subsectas. Si las contáramos todas, entonces trescientos sería un número muy pequeño; podrían ser tres mil. Todas nos dan la palabra de Dios, y todas estas religiones hacen afirmaciones contradictorias.

Si uno escucha a todas las religiones, ni siquiera tiene un momento de respiro, porque cualquier cosa que uno haga es pecado. Por fortuna está condicionado por una sola pseudoreligión, así que no se da cuenta de que hay también otros idiotas —no está solo— que hacen lo mismo. Las reglas son diferentes, pero juegan a lo mismo.

Por ejemplo, un monje jainista. El jainismo es una religión muy pequeña, de sólo tres mil fieles. Tenemos más sannyasins que seguidores del jainismo. Pero tienen dos sectas principales, así como hay católicos y protestantes, y luego hay por lo menos treinta subsectas. Y cada subsecta cree que es el verdadero jainismo, y que las otras veintinueve se engañan o engañan a otros.

Una de estas sectas es Terapanth. La palabra «terapanth» significa «la vía divina», la vía de Dios. El monje de esta secta mantiene siempre cubierta su nariz —veinticuatro horas al día, día y noche, incluso en el sueño— con un trapo, porque respirar directamente es pecado. Todos cometemos pecado y hemos pecado tanto que no hay esperanza; hemos pecado la vida entera. Excepto esas setecientas personas —sólo hay setecientos monjes en la secta—, toda la Tierra está llena de pecadores.

Basta con eso para mandarlo a uno al séptimo infierno, porque con cada respiración uno está matando millones de gérmenes. Y, según el jainismo, el germen más pequeño que no podemos ver a simple vista —se necesita un microscopio capaz de amplificar por lo menos mil veces para verlo—, esos minúsculos gérmenes, tienen la misma alma que nosotros. No hay diferencia cualitativa. Matar a un hombre o a un germen es lo mismo por lo que a Dios respecta. A sus ojos, no recibiremos trato especial.

Así que en el momento en que respiramos, expulsamos aire caliente. Ese aire caliente es suficiente para matar millones de gérmenes. Al aspirar, inhalamos millones de gérmenes, que morirán dentro de nosotros. Así, con cada respiración, lo que Adolf Hitler, Josef Stalin y Mao Zedong hicieron —los tres combinados— parece no ser nada: lo hacemos con una sola respiración.

Ni siquiera de noche pueden quitarse el trapo. Hablar con esas personas es difícil, porque la tela les cubre la nariz y la boca también, porque al hablar sale aire de la boca y entra aire en ella, así que no pueden hablar sin la cubierta. Así se evita el golpe directo. Incluso entender lo que dicen es muy difícil; sólo murmuran dentro de la boca cubierta, la nariz cubierta.

Y las personas que no han llegado a ser monjes, pero creen en Terapanth, se sienten continuamente culpables de respirar. Yo solía quedarme con algunos amigos terapanthis en Bombay (Mumbai) y ése era el gran peso en su alma, que no eran aún capaces de renunciar al mundo y volverse monjes, porque si uno no se vuelve monje y renuncia al mundo, no puede evitar cometer pecado. Si hasta respirar es pecado, se puede creer que cualquier cosa es pecado.

Uno de los senadores más viejos de India era amigo mío. Se le conocía como el Padre del Parlamento: fue miembro del Parlamento de 1916 a 1978. Sólo un hombre en toda la historia del mundo podía competir con él, y ése era Winston Churchill; fuera de eso nadie le ganaba, por la extensión de tiempo de sus continuas elecciones. Pero era un hombre muy mediocre. Tal vez era esa la razón por la que la gente lo elegía una y otra vez. No era hábil ni tenía capacidad para ser un político verdadero; de otro modo, un hombre que ha sido miembro del Parlamento más de medio siglo llegaría naturalmente a primer ministro, o a presidente, o a gobernador de un estado. Él era simple, más bien simplón.

Lo que lo llevó a mí fue la muerte de su hijo, que también era político, y muy prometedor. Ya era viceministro y en la siguiente elección llegaría a ministro. Y el padre —se llamaba Seth Govind Das— proyectaba en él todas sus aspiraciones. No podía llegar a primer ministro de India, pero su hijo llegaría. Y era muy joven, así que había todas las posibilidades de que al llegar a los cincuenta o sesenta años obtuviera ese cargo.

Pero murió de súbito cuando apenas tenía treinta y seis años. Su muerte fue un gran golpe para el anciano. Era muy

rico. El gobierno británico le había dado al padre de Seth Govind Das el título de rajá, un título de rey, aunque no lo era.
Pero tenía muchas riquezas y muchas tierras, y había servido
al gobierno británico de todas las maneras posibles, por lo que
en reconocimiento a sus servicios el gobierno le dio ese título.

Seth Govind Das era hijo del rajá Gokuldas, y su prestigio
se debía a que se rebeló contra el gobierno británico y se volvió un luchador por la libertad. Ésa era su única cualidad, y la
razón por la que la gente seguía eligiéndolo al parlamento. Era
suficiente para la gente pobre: que era muy rico, y que aunque
el gobierno respetaba tanto a su padre, él se rebeló contra su
padre y contra el gobierno, y su padre lo desheredó. Ése fue
su mérito; fuera de eso no tenía cualidades, ni inteligencia ni
nada. Y a causa de él, su hijo se dedicó a la misma profesión.
El hijo era hábil e inteligente, con buenos estudios.

Su muerte fue una conmoción para Seth Govind Das. Comenzó a acudir a los santos y preguntar: «¿Por qué ocurrió?».
Y a dondequiera que iba —la respuesta simple de todas las
pseudorreligiones es la misma— le contestaban: «Debiste haber cometido un pecado en tu vida pasada. Es un castigo».

Quiero poner énfasis en que se acercó a santos de distintas religiones, pero la respuesta fue la misma. La estrategia era
la misma: «Has cometido algún pecado, éste es el resultado.
Ahora, ¡arrepiéntete! Haz algo bueno, virtuoso». Por supuesto, la virtud que prescribía cada uno de estos santos era diferente. Un monje hindú le sugirió: «De hoy en adelante deja
de comer sal por completo». «Pero, ¿de qué me servirá eso?».
El monje contestó: «Te ayudará porque cuando no comes sal
la comida se vuelve insípida —en particular la comida india se
vuelve absolutamente insípida sin sal— y no comer por gusto es
una virtud; comer por gusto es pecado. Comer por gusto es seguir al cuerpo y tu alma es manipulada, esclavizada por el cuerpo. Eso es el pecado: el cuerpo por encima del alma; el cuerpo
es el amo y el alma funciona como esclava, así que va adonde
el cuerpo la lleve. Inviértelo por completo: lo que el cuerpo

diga, no lo hagas. Tu cuerpo pedirá sal: no comas sal. Poco a poco deja de comer azúcar. Poco a poco haz que tu comida sea completamente insípida, así que comerás sólo para conservar de algún modo la vida que Dios te ha dado; entonces no tendrás interés por esta vida, te estarás preparando para la vida futura».

Ahora bien, la sal es una necesidad del cuerpo. Uno necesita una cantidad particular de sal en el organismo; de otro modo se debilita. El cuerpo, al pedir algo, no se equivoca. Si pide es porque necesita.

Esas personas convierten nuestras necesidades físicas en pecados. Naturalmente, nuestro sistema continuará pidiendo sal. Uno obligará al cuerpo a no comer sal, pero él seguirá pidiéndola y añorándola. Eso causará problemas: uno torturará su cuerpo, o comenzará a comer sal y cometerá el pecado; de cualquier manera, una cosa simple, la sal, lo ha convertido en una persona enferma. Su psicología no es sana.

Conocí a muchas de estas personas... y Seth Govind Das era una persona famosa, así que cualquier santo estaba dispuesto a reunirse con él, y siempre complacido de sugerirle ideas. Yo llevaba veinte años viviendo en su ciudad, y nunca se había molestado en acudir a mí. De hecho, cualquier político en India tenía miedo de ser visto conmigo o de que se supiera que se acercaba a mí. Las masas se volverían en su contra... y no sólo los políticos pequeños. Este hombre era una persona bien establecida, que durante más de cincuenta años había sido miembro del Parlamento. Entonces, ¿qué tenía que temer? Sin embargo, nunca había venido a verme.

Oía hablar de mí. La gente hablaba de mí, incluso el primer ministro. Cuando él estaba en el Parlamento, muchos primeros ministros cambiaron. Uno de ellos, Lal Bahadur Shastri, preguntó por mí. Set Govind Das dijo: «He oído el nombre, pero no lo conozco en persona». Lal Bahadur me dijo; «Es extraño: este hombre es miembro del Parlamento de tu distrito, y no te conoce».

Contesté: «Debes entender su posición. Si viene a verme… desde luego, yo no voy a ir a verlo, no tengo razón para hacerlo. Nunca he votado por nadie porque todos los idiotas son lo mismo. Sólo las etiquetas son diferentes, así que no tiene caso votar. Nunca he votado. ¿Por qué habría de ir a verlo? No hay razón. Y desde su punto de vista… debes entenderlo, eres político. ¿Tienes el valor suficiente para venir a mi casa?».

Él era un tipo muy agradable. Se echó a reír y dijo: «Tienes razón; ahora entiendo. Cualquiera que venga a tu casa se metería en dificultades. Este hombre podría perder su asiento legislativo».

Indira Gandhi le preguntaba continuamente cómo estaba yo, qué hacía, qué ocurría. Quería venir a verme; por lo menos cinco veces se fijó la fecha, y al último momento ella encontraba alguna excusa y nunca logró venir; sus colegas le decían: «Porque es peligroso. Ir a verlo sería muy peligroso para tu carrera política. Y el partido de oposición usará ese hecho como uno de los factores más importantes en tu contra». Así que en cada ocasión ella retrocedió.

Pero cuando el hijo del rajá Gokuldas falleció, este anciano —tal vez por su profunda tristeza— se olvidó de la política y del Parlamento y vino a verme. Y dijo: «Adonde quiera que he ido me dicen que debo de haber cometido algún pecado y por eso sufro la pérdida de mi hijo. Y me han sugerido medidas para no sufrir en lo futuro».

Le dije: «Te han dado suficientes medidas para sufrir ahora, en esta vida. Y debiste haber preguntado qué pecado has cometido en tus vidas pasadas. Todos habrían contestado algo diferente; no pueden saber qué pecado cometiste, habrían tenido que adivinar. Es muy tonto… ¿sólo por no comer sal o azúcar te vas a volver virtuoso? Sólo te sentirás culpable».

«Tienes razón —respondió—. Así es como me siento. He seguido a todas esas personas, pensando que son sabias, y me tienen hecho un desastre. Todo lo que hago está mal. Y todo lo que me sugieren que haga parece antinatural, forzado. Aun si lo intento, fallo».

El pecado es una estrategia para destruirnos, para demolernos, para esclavizarnos como individuos. Y entonces estamos en manos del sacerdote. Entonces tenemos que seguir lo que él diga. No podemos alegar porque está en las escrituras. Y alegar contra las escrituras es otro pecado. Hay que tratar a la escritura como a una persona.

Pasé una temporada en Jalandhar, en el Punyab. Por las mañanas, cuando salía a caminar, pasaba por un lugar donde los sijs tenían un pequeño templo: los que pueden permitirse el lujo de construir un templo, y ésta era la casa de un hombre muy rico. Era un hermoso templo de mármol en el que tenían al *Gurú Granth Sahib*, su libro sagrado. Eso estaba bien. El libro sagrado estaba allí, pero al lado del libro sagrado había pasta de dientes, un cepillo y una jarra llena de agua caliente, puesto que era invierno.

Pregunté a mi anfitrión: «¿Qué pasa? Puedo entender el templo, puedo entender el *Gurú Granth Sahib…*». De hecho, usar la palabra *sahib* es convertir al libro en persona: *sahib* no se usa para designar cosas. Se usa en señal de respeto a alguien. Llegó con los británicos a India; ellos eran los amos, y los indios comenzaron a llamarlos *sahib*. Era una palabra antigua, pero significa «persona muy respetada». Nadie llama *sahib* a un libro. Pero los sijs llaman a su libro *Gurú Granth Sahib*: «gurú» significa *el maestro*.

El décimo gurú de los sijs proclamó: «Yo soy el último gurú, y de hoy en adelante el libro —en el que se reúne la palabra de los diez maestros, incluido él— será el maestro. De hoy en adelante nadie será el maestro, sólo el libro». Así que «gurú» significa *el maestro*; «granth» significa *la colección*, porque no es el libro de una sola persona, sino las declaraciones de diez personas, así que es una compilación, una colección. Y entonces «sahib», que significa maestro honorable, respetable.

Dije: «Entiendo que veneren los dichos de sus maestros, pero ¿por qué tienen agua, cepillo y pasta de dientes en el templo?». Contestó: «No estás al tanto de nuestras costumbres. El maestro, por la mañana, necesitará lavarse la boca, los dientes. El libro…».

Dije: «Bueno, pero, ¿alguno de sus diez maestros conocía la pasta y el cepillo de dientes? En el tiempo de ellos no los había». Respondió: «Es cierto. Son muy modernos».

Hace quinientos años, sin duda, ¿pasta de dientes Binaca…? Y hecha en Suiza: cuando uno le da al gurú, le da algo importado. La pasta Binaca también se hace en India, la misma compañía produce la pasta, pero cuando uno se la ofrece al gurú, le ofrece Binaca importada. Si no lo hace, uno se siente culpable, porque todos los sijs lo hacen. A la hora del desayuno, uno lleva el desayuno… ¡y uno sabe que es un libro! Lo sabe, no está ciego. A la hora del almuerzo, el almuerzo… y en cada ocasión se lleva uno todo de vuelta. El libro no come nada, pero eso no tiene que ver. Si la sociedad condiciona la mente para cualquier tontería y uno no quiere hacerla, su conciencia lo atosigará.

Hay que entender estas dos palabras: «conciencia» y «consciencia». La consciencia es suya. La conciencia es dada por la sociedad. Es una imposición sobre su consciencia. Diferentes sociedades imponen diferentes ideas en su consciencia, pero todas imponen una cosa u otra. Y una vez que algo se impone sobre su consciencia, no pueden escucharla; es demasiado lejana. Entre la consciencia y ustedes se levanta un grueso muro de conciencia que la sociedad les ha impuesto desde la infancia… y funciona.

Hasta la edad de dieciséis años yo nunca comí nada en la noche. Eso es imposible en una casa de jaina. Uno no encuentra nada de comer porque al ponerse el sol, todo se acaba. Si algo queda, se da a los pordioseros; en la casa no se puede encontrar una sola cosa de comer. Así que ni siquiera es cuestión de robar o de ir a la cocina cuando los padres se han ido a dormir. No hay nada: no se puede hallar nada.

No puede uno salir en una aldea pequeña, porque todos se conocen. No puede ir a un restaurante porque de inmediato dirán: «¡¿Qué…?!» Tal vez no sean jainas, pero saben que uno lo es. Dirán: «¿Conque has comenzado a comer en la noche? Muy bien. Mañana tu padre pasará por aquí y hablaré con él». Así que, aunque uno tenga hambre, no hay manera… Hasta los dieciséis años nunca comí nada en la noche.

Cuando tenía dieciséis, toda escuela fue de día de campo a un castillo cercano, en una montaña muy hermosa, rodeada de jungla, y yo fui también. Todos los estudiantes de mi clase eran hindús o musulmanes; yo era el único jaina. El día era espléndido, y había tanto que ver y por donde vagar, que no se interesaron en preparar comida durante el día. Dijeron: «Comeremos en la noche». Habría luna llena, y al lado del castillo corría un bello río, así que «comeríamos en la noche». Me pareció que era mejor pasar hambre que volverme el hazmerreír, porque todos dirían: «Puedes preparar comida para ti», y yo nunca había preparado nada en la vida, ni siquiera una taza de té.

Aun hoy día no sé preparar una taza de té. De hecho, no sé dónde queda la cocina. No la encuentro a menos que alguien me guíe. No sé dónde está en esta casa. Y en mi vieja casa de la infancia, por supuesto, no se me permitía entrar en la cocina para nada. Por eso ni siquiera sé preparar un té. Como me mezclaba con musulmanes, hindúes e intocables, no podía entrar en la cocina. Mi familia decía: «A menos que cambies tus costumbres…».

Todos en la casa comían en la cocina, yo, fuera de la cocina. Yo era un marginado, porque no podían confiar en mí: de dónde venía, con quién había hablado, a quién había tocado, no tenían idea. «O si te das un baño ahora puedes entrar…». Pero, ¿cuántas veces tendría que bañarme? Así que resolví la cuestión; dije: «Está bien; no pelearé cada día. Comeré afuera y me siento perfectamente contento así».

En el día de campo los chicos prepararon comida que parecía deliciosa, y más lo parecía porque yo tenía hambre… y el aroma… y comenzaron a persuadirme: «Nadie les dirá a tus padres; te prometemos que nadie les contará». Por un lado, tenía hambre, y la comida se veía deliciosa como la estaban preparando. Eran convincentes, prometían callar, y pensé: «Si todas estas personas van al infierno, ¿por qué preocuparme? También yo puedo ir al infierno. De hecho, sin todos mis amigos, ¿qué voy a hacer en el cielo? Con todos esos monjes jainas, no será buena compañía. No me caen bien y no creo que yo les caiga bien tampoco. La gente que me cae bien es ésta, y va a ir al infierno, de seguro». Eso se me había dicho desde el principio: que comer en la noche es el peor pecado.

Ahora bien, es algo extraño… pero en tiempos de Mahavira tal vez tenía algún sentido porque en la mayoría de las casas no había luz. La gente era tan pobre que solía comer a oscuras, así que podía comer un insecto, cualquier cosa. Y esa fue su enseñanza: si uno come un ser vivo, se comete pecado. Así que para cerrar por completo la cuestión declaró: «Comer en la noche es pecado». Cortó toda la situación desde la raíz. Pero ahora se dispone de más luz de noche que de día, así que no hay problema. Sin embargo, las escrituras datan de hace veinticinco siglos, y Mahavira ha cerrado la puerta. No se puede añadir ni borrar nada. La última palabra está allí.

Así que pensé que en el peor de los casos yo iría al infierno, pero todos mis amigos estarían allí y eran buenos cocineros, así que valía la pena. Y me dije: «Muy bien». Pero hasta ese momento no estaba consciente del fenómeno de la conciencia. Comí con ellos. Fue delicioso, y tenía hambre. Todo un día de caminar kilómetros por la montaña me dio aún más hambre. Pero algo dentro de mí se revolvía. Comencé a sentir náuseas, y al terminar, vomité. No había nada malo en la comida, porque nadie más tuvo náusea, nadie vomitó; no era que la comida estuviera envenenada ni nada. No pude dormir hasta que hube arrojado toda la comida. Me llevó casi la mitad de la noche desechar todo el alimento, y entonces pude dormir.

Ese día descubrí que mi náusea no era por la comida, sino por esos dieciséis años de condicionamiento, el continuo martilleo de la idea de que comer en la noche era pecado. Era un envenenamiento absolutamente psicológico, no por alimentos, y lo habían hecho el sacerdote, los monjes, mis padres, mi sociedad.

La conciencia es el alguacil inserto en nosotros por la sociedad. La sociedad trata de controlarnos a nosotros y nuestra conducta de dos maneras: un alguacil exterior, un tribunal exterior, un juez exterior, una cárcel exterior, y una conciencia interior: miedo al castigo, miedo al infierno, Dios el juez, su tribunal... nada puedes ocultar ante Dios. Ante él quedarás desnudo con todos tus pecados escritos sobre ti. No hay posibilidad de ocultarse.

Así, la sociedad ha usado hasta ahora una tecnología muy sutil: crear conciencia repitiendo que ciertas cosas son pecado, ciertas otras son virtud. La virtud será recompensada mil veces. Aquí das una sola rupia de donación, y en el cielo obtendrás mil rupias de recompensa. Así juegan con tu codicia: es buen negocio.

Es casi una lotería, y segura. No es cuestión de que llegue o no llegue tu número. Da una rupia al brahmín —recuerda: no te equivoques: «al brahmín»; la escritura dice: «da al brahmín, a nadie más» ¡los brahmines hacen la escritura! Da al brahmín, y lo que des, lo recibirás multiplicado por mil de Dios en el cielo. Ésa es la promesa de Dios, y el brahmín dará testimonio de tu acción.

En el libro de los brahmines se dice: «Cuando donas a un brahmín, nunca dones una vaca vieja que ya no dé leche». ¡Genial!, porque eso es lo que hace la gente en India. Cuando una vaca se vuelve muy vieja, ¿qué hacemos con ella? Ya no da leche, no nos da más becerros que se pueden usar en la granja como vacas o toros. Es demasiado vieja y una carga innecesaria para uno. Se la puede uno dar al carnicero, con lo que se vuelve socio del asesinato de la vaca, de hecho, el socio principal: si uno no se la hubiera dado, él no habría podido matarla. Uno se la da al carnicero; uno tiene que sufrir la responsabilidad.

Pero, ¿sabes lo que dice la escritura? Matar una vaca es casi equivalente a matar diez brahmines. Matar un brahmín equivale a matar diez seres humanos. Entonces, ¿quién le va a vender al carnicero? Y tampoco se obtiene mucho dinero del carnicero. La mejor forma de donarla es al brahmín. Así que la gente solía donarlas.

Los brahmines sabían que esto ocurría. Estaban en dificultades: no podían rechazar la donación, tenían que recibirla con gratitud. Y entonces, ¿qué hacer con la vaca vieja? El brahmín tampoco puede venderla al carnicero. Ahora bien, el brahmín también es pobre, y las vacas viejas de la aldea comienzan a congregarse alrededor de él. Así que tiene que poner en la escritura —no es la palabra de Dios, pues, ¿por qué habría Dios de molestarse?— que un brahmín no debe recibir una vaca vieja en donación: el énfasis está en «vaca vieja». Hay que dar al brahmín una vaca joven, que dé leche suficiente, y así serás recompensado.

Así pues, estas personas que sirven de mediadores entre uno y Dios, entre uno y el cielo, son en verdad las más astutas. Han destruido lo más precioso en nosotros: la consciencia. La han cubierto capa sobre capa. Tu consciencia ha quedado muy debajo; encima hay capas de condicionamiento.

Preguntas si en mi visión de la religiosidad existe el pecado. Imposible. El pecado es una invención del sacerdote, y yo no soy sacerdote. El pecado es la técnica de la pseudoreligión, y yo no soy un mesías ni un *avatara* o *paigambara*. No estoy creando una pseudoreligión. La pseudoreligión necesita absolutamente del concepto de pecado, porque por medio del pecado te hace culpable. Por medio de la culpa te hace temblar por dentro. Ahora, de algún modo, tienes que limpiarte de culpa.

Las escrituras de los brahmines dicen: «No tengas miedo. Dona al brahmín y tu culpa será perdonada». Pero dona al brahmín en proporción a la culpa, claro; si tu culpa es grande, si tu pecado es grande, tienes que donar más. Luego, construye templos...

Birla era el mayor monopolista y un hombre súper acaudalado en India. Construía cientos de templos por todo el país. El país está lleno de templos. La gente necesita casas; no se las dan. Dios no necesita casa, y en India uno encuentra millones de templos. En una ciudad como Varanasi, por cada cuatro casas encontrarás tres templos. ¿Quién vive allí? La gente vive en las calles... y millones de templos están vacíos, millones de iglesias están vacías, millones de mezquitas están vacías.

Birla construía hermosos templos, grandes templos allí donde podía hacerlo. Tuve una reunión con él. El anciano del que hablaba, Seth Govind Das, era amigo de Jugai Kisore Birla, jefe de la familia Birla. Cuando Govind Das se interesó más y más en mí, comenzó a hablar de mí con otras personas. Habló con Jugai Kisore Birla también, y le dijo que cuando yo fuera a Delhi, «tienes que reunirte con él una vez».

Cuando volví a ir a Delhi, me hospedé con Govind Das. Me dijo: «Jugal Kilsore está muy interesado en ti... y es un anciano; no se vería bien que le dijéramos que viniera aquí, y además está enfermo. Así que en tu nombre le prometí que te llevaría a su casa».

Le dije: «Si lo has prometido, está bien, pero ¿qué caso tiene? Para mí, todo lo que hace es idiota. Dilapida un montón de dinero en construir templos de mármol por todo el país, y cree que está ganando virtud para el paraíso porque eso es lo que dicen las escrituras: haz un templo y tendrás un palacio, un palacio de mármol, en el paraíso. Así que está calculando...

es un hombre de negocios, está calculando cuántos palacios de mármol tendrá en el paraíso. Debería ser el más rico allá también, si puede lograrlo, y todo su dinero se quedará aquí cuando muera». Nunca creyó en sus hijos: pensó que dilapidarían el dinero y que todo se iría por la borda. Antes de que eso ocurra, ¿por qué no transferir todo el dinero al paraíso? Lo que hace es una simple transferencia bancaria.

«Es idiota, pero, si lo has prometido, iré».

Fui. Kilsore se mostró muy respetuoso. Me dio la bienvenida y dijo de inmediato, en el momento en que me senté: «Quiero pedirte dos cosas. Muchas personas me han hablado de ti. Govind Das es sólo una —eran del mismo castillo, y en cierto sentido estaban emparentados—, así que no lo he acordado con nadie más que con él, porque él lo mantendrá en secreto. No quiero que nadie sepa que nos reunimos».

Dije: «¿Te preocupa que sepan que te reuniste conmigo? Pensé que yo estaba preocupado. He venido sólo porque Govind Das me lo pidió, de otro modo no habría venido. Si sencillamente me hubieras invitado, me habría negado». Le dije a Govind Das: «Mira, me convenciste de que es viejo y está enfermo, por eso he venido. Y lo que dice es que quiere mantenerlo en secreto. Ahora, ¿qué caso tiene reunirse con un hombre tan cobarde? ¿Qué puede hacer? ¿Y qué puede entender de mí? Sí, he venido, así que dime lo que quieres, porque me has invitado. Sólo dime».

Me respondió: «He oído de ti y sé de ti. Si puedes hacer dos cosas, estoy dispuesto a darte todo el apoyo económico que quieras. Te daré un cheque en blanco».

Le dije: «Dime las dos cosas. El cheque en blanco no me interesa mucho; quiero saber cuáles son esas cosas, porque deben de ser cosas idiotas».

Y eran idiotas. Una era: «Ve por el mundo propagando el hinduismo, y te daré todo el apoyo económico. Convierte a tantas personas al hinduismo como sea posible». Y segunda: «Crea un movimiento en el país para que el gobierno detenga la matanza de vacas. Si puedes lograr esas dos cosas, no te preocupes por la economía».

Dije: «La economía no me preocupa en absoluto. Conserva tu cheque en blanco, nunca lo necesitaré. No soy tan tonto como para perder mi tiempo en convertir a un cristiano en hindú, sacándolo de un pozo para meterlo a otro. Sería perder el tiempo sin necesidad. Estaría ahogándose en uno sin remedio, ahogándose con júbilo, y eso de sacarlo innecesariamente... y requeriría mucho esfuerzo sacarlo, porque otros que están en el pozo no lo dejarían salir. No lo dejarían salir del hoyo porque nadie quiere dejar salir a otro del hoyo, de su poder. Y, de todos modos, si de alguna manera lograra sacarlo, tendría que arrojarlo en otro pozo, y entonces, ¿qué caso tiene? ¿Sólo por tu cheque en blanco?

»Mi vida se desperdiciaría sin necesidad. Él estaría en el mismo juego. Tal vez la jerga sería distinta. Ahora llevaría el Gita en vez de la Biblia, pero llevaría un libro, veneraría un libro. Ahora en vez de Cristo hablaría de Krishna». Y te sorprendería saber que eruditos lingüistas han descubierto que «cristo» no es más que una formación de la palabra «krishna». Al pasar del sánscrito al bangla, se vuelve *christo*; de krishna se convierte en *christo*. Del bengalí... uno puede ver fácilmente cómo *christo* se convierte en cristo. La palabra griega cristo no es más que una transliteración de la palabra «krishna».

Así que les dije: «De hecho, entre Cristo y Krishna no hay ninguna diferencia en absoluto, ambos son la misma palabra. Y no estoy interesado en ese trabajo absolutamente innecesario. Si quieres, puedo sacar gente de su pozo, sea cristiano, hindú, judío, musulmán, pero con una condición: que los deje en libertad y los ponga en alerta: 'No vayan a caer en otro pozo'. Si eso quieres, lo puedo hacer. También sacaré hindúes, porque para mí no hay diferencia: quienquiera que se esté ahogando en el pozo, sea hindú, cristiano o musulmán, lo tengo que sacar. Y en lo referente a tu segunda proposición...».

La humanidad se muere. En unos veinte, quizá treinta años, esta Tierra estará muerta, porque el hombre se ha portado muy mal consigo mismo, con otros, con la naturaleza, con el ambiente. A lo largo de toda su historia se ha preparado para una guerra final: sólo una preparación, un objetivo. Y ahora está muy cerca del objetivo; tiene todo lo que necesita para destruir el planeta. De hecho, tenemos setecientas veces más energía nuclear de la necesaria para destruir esta pequeña Tierra. Podemos destruir setecientas tierras como esta; hemos almacenado toda esa energía. Y la acumulamos día con día, nadie sabe para qué. Dije: «¿Y tú quieres que me preocupe de que no maten vacas? Si no queda un hombre sobre la Tierra, ¿crees que quedará alguna vaca… o algún cuervo? Con el hombre desaparecerá toda forma de vida. Así que, si en verdad te interesa la vida, lo más importante ahora es salvar al hombre de sí mismo».

Él dijo: «Yo sabía de antemano, le dije a Govind Das que todo lo que había oído de este hombre era peligroso. No hay posibilidad de que trabajemos juntos».

Dije: «Tú dices 'trabajar juntos'… yo trabajaré contra ti toda mi vida. Y no necesito tu cheque en blanco, pero aun así, si tienes valor y algún temple dentro de ti, dame el cheque en blanco. ¡Lucharé contra ti!».

El hombre se volvió hacia Govind Das y dijo: «Llévate a este hombre de aquí. Estoy muy enfermo, viejo, y él me puede causar un ataque cardiaco».

Le dije: «Un ataque cardiaco te haría mucho bien. Por lo menos dejarías de construir esos templos en el país. Sabes perfectamente bien que millones de personas no tienen casa».

Y en India, las personas que tienen casa… no se puede concebir qué clase de casas son. Los que no tienen, en cierto sentido, su posición es clara. Pero los que la tienen no merecen llamarlas casas en absoluto. He recorrido aldeas… ni una sola casa cuenta con baño, ninguna tiene un retrete exterior o interior. No, hay que ir al lado del río o al depósito de agua, o a cualquier lugar donde haya agua disponible. La gente hace de todo allí, y bebe de esa misma agua. Tuve que dejar de ir a las aldeas: es muy desagradable e inhumano.

¿Qué es una casa en India? Apenas un techo, que no serviría ni para una vaca. Viven con sus vacas y sus toros y otros animales en la misma casa. Y se juntan varias familias, así que en una casa se pueden tener treinta personas, cuarenta, con todos los animales. ¡Cada casa es el arca de Noé! Todas las especies… y un olor, tanta peste que de sólo pensar en ella siento inmensa pena por la gente.

Pero ese caso no sólo se da en India, sino en todo el Tercer Mundo. En África, en China, en todo el Tercer Mundo. ¡¿Y tú construyes templos para Dios?! Dios puede vivir con facilidad en el cielo abierto; no hay problema para él. El frío no le da pulmonía, las lluvias no lo empapan, el calor del sol no lo quema; ¿por qué molestarse en hacer casas para Dios?

Pero el problema es la codicia. El hinduismo se la ha pasado diciendo a los hindúes: «Construyan casas para Dios y serán recompensados». Los cristianos dicen: «Construyan casas para los pobres, hospitales para los pobres, escuelas para los pobres, huérfanos, ancianos, enfermos, y serán recompensados». Pero el deseo de ambos es ser recompensados. Sólo un motivo domina a todas las religiones.

En mi visión, una persona en verdad religiosa puede tener la idea de errores, fallas, pero no la de pecados. Una persona en verdad religiosa no puede crear en alguien la herida de la culpa, porque eso se hace por una razón específica: si quieres ser un mesías, tienes que crear el pecado, tienes que crear la culpa.

El hombre que inició a Jesús como discípulo, Juan el Bautista, tenía un solo mensaje en la vida, que era: «Arrepiéntanse, arrepiéntanse, que viene el mesías. Prepárense. Arrepiéntanse de sus pecados y prepárense». Pero, ¿cómo se arrepiente uno? Primero, se necesita culpa. Así que siéntanse culpables, arrepiéntanse, y el mesías llegará a salvarlos.

Me recuerda una pequeña escuela dominical en una aldea. Todos los niños asisten a la escuela; el sacerdote les enseña y les pregunta, después de un largo sermón acerca de las bellezas, alegrías y glorias del cielo que los cristianos van a obtener... y todos los niños están emocionados, en verdad ansiosos de subir rápido al autobús para ir al cielo. ¿Por qué perder tiempo aquí? Luego, al final, preguntó: «Ahora díganme: ¿qué es absolutamente necesario para ir al cielo?». Un niño pequeño levantó la mano. El sacerdote: «Sí, ponte de pie y dime lo que se necesita».

El niño dijo: «Cometer pecado».

El sacerdote dijo: «¿Qué? Les he estado diciendo que no cometan pecado ¡y tú contestas que para ir al cielo hay que cometer pecado!».

El niño dijo: «Sí. Según tu sermón, he concluido que si uno no ha cometido pecado no puede ser culpable. Si no es culpable, ¿cómo puede arrepentirse? Y si uno no se arrepiente, no hay manera. Entonces, uno comete pecado, se siente culpable, se arrepiente, y el mesías viene y lo lleva al cielo».

Creo que el niño habló con absoluta lógica y tenía toda la razón. Así es como las religiones se manejan: hay que cometer pecado. Si uno no peca, le mostrarán que comete pecado aunque no lo sepa. Uno debe estar haciendo algo... ¡con eso basta! En ese algo se puede hallar el pecado. Si uno no está haciendo nada en absoluto, también eso basta.

Un día hablaba con un obispo y le dije: «Si una persona simplemente se sienta en silencio, sin hacer nada, por lo menos no está pecando. Tiene que concederme al menos eso».

Él dijo: «No. Dios lo ha enviado aquí para hacer algo, algún servicio, un deber, y está aquí sentado sin hacer nada. Es un gran pecado».

Dije: «Entonces todos los monjes budistas se han ido al infierno, porque eso es lo que enseñan: sentarse en silencio sin hacer nada. Sólo en esa forma uno se vuelve consciente».

Cuando uno se vuelve consciente, la conciencia se desmorona porque es un artefacto, creado artificialmente por la sociedad. Puede ser judía, católica, protestante o lo que sea, comunista, socialista, fascista, cualquier cosa.

La consciencia se levanta en silencio, sólo en silencio, porque así toda tu energía no va a ningún otro lado, no se involucra en acción. Así, cuando toda la energía no se involucra en acción, ¿adónde va? Comienza a reunirse en el centro mismo del ser, como un pilar, un sólido pilar de energía, que echa fuera la conciencia o todas las ideas de pecado y de culpa. Pero recuerden, con ellas también se va el mesías, el rabí, el sacerdote. Con ellos se va Dios, el diablo, el cielo, todas las tonterías que han sido concebidas hasta ahora como religión. Eso no es religión.

Yo no tengo necesidad del concepto de pecado. En mi comuna no se puede cometer pecado. Ahora, cuatro mil personas llevan cuatro años viviendo aquí y no se ha cometido un solo pecado, ¿pueden pensar que eso ocurra en un monasterio católico? Cuatro mil de ustedes viviendo en un monasterio católico, veinticuatro horas al día… pecado tras pecado tras pecado, y ninguna otra cosa ocurre. Todo lo que hagan…: fuman un cigarrillo y cometen un pecado. Se muestran amorosos con una mujer y cometen un pecado. Les encanta leer un libro que el Vaticano ha puesto en su lista negra… Mis libros están en la lista negra. Incluso los libros en los que he hablado de Jesús, y con tanta consideración que nadie se ofende, ¡aun esos libros!

Por error, una editora cristiana en Inglaterra, Sheldon, cuya propietaria es una asociación cristiana, publicó mis libros. Primero publicaron *La semilla de mostaza*, luego se interesaron en mí. Después publicaron otros libros y las personas de Sheldon Press se relacionaron conmigo. Olvidaron que eran parte de la asociación cristiana y que pertenecían a los cristianos, ¡y estaban publicando libros que el Vaticano había puesto en la lista negra! Publicaron ocho libros. Entonces les dijeron que habían cometido un error. Ahora han descontinuado los ocho libros y han devuelto los derechos de autor.

Cada año el Vaticano conjunta una lista de los libros que uno debe leer y los que no debe. Por ahora no pueden hacer lo que hacían en el pasado: entonces solían quemar los libros. En el sótano del Vaticano, exactamente en el sótano de la basílica de San Pedro y hay una biblioteca inmensa con todos los libros que antes quemaban. Han salvado un ejemplar de cada uno, pero miles… eso significa que han quemado miles de libros, los han borrado de la faz de la Tierra. Donde encontraban esos libros, los quemaban. Y quien se resistía era ejecutado o también lo quemaban junto con los libros.

En la biblioteca del Vaticano no permiten entrar a nadie. Esa biblioteca debería ser requisada por las Naciones Unidas de inmediato. No es propiedad del Vaticano. Y esa biblioteca podría revelar miles de verdades, inventos, descubrimientos que los papas a lo largo de las eras han impedido que ocurran al quemar los libros. Hoy ya no pueden hacer eso, pero al menos pueden hacer algo: pueden publicar, en secreto, una lista negra, y poner en ella cualquier libro; entonces ningún católico tiene permitido leerlo. Si lo lees, cometes un pecado, un gran pecado: desobedecer al papa, que es infalible.

No veo que haya ninguna necesidad del pecado. Sí, somos seres humanos y viviremos como seres humanos, y a veces cometeremos un error. Por ejemplo, si fumamos un cigarrillo, quizá sea un error, una falla; pero ya nos hacemos suficiente daño con ello, no hay necesidad de castigarnos en el infierno por eso. Ya bastante nos castigamos solos. El cigarrillo puede darnos cáncer, o al menos reducirá unos años nuestra vida. El cigarrillo lo hará por sí solo, no hace falta que ningún diablo venga, nos lleve al infierno y nos queme allá. Lo estamos haciendo solos, y pagando por ello. No le concierne a nadie más; pagamos por ello y nos quemamos, perfectamente bien.

Pero si nos volvemos conscientes, los cigarrillos desaparecen. Por eso no te digo que no fumes; eso se convertirá en una orden. Te digo hazte más consciente. Y si te vuelves consciente el cigarrillo desaparece… Se verá obligado a desaparecer, porque una persona consciente no puede ser tan tonta que siga absorbiendo el humo, y luego arrojándolo, absorbiéndolo y arrojándolo otra vez... envenenándose, envenenando la atmósfera y pagando por ello, además.

Tus acciones no me interesan, tu consciencia sí.

Si tu consciencia te permite hacer algo, está bien: hazlo. Que no te preocupe ninguna escritura sagrada. Y si tu consciencia no te permite hacer algo, no lo hagas. Ni siquiera si Dios te dice: «¡Hazlo!», no hay manera: no puedes hacerlo.

Así pues, no es cuestión de tus acciones. Yo no decido sobre tus acciones. Yo te doy la llave maestra, más que decidir cada acción individual simple, sea correcta o incorrecta: ésta es una tarea imposible.

Les he dicho que los monjes budistas tienen treinta y tres mil reglas. Así es como llegaron, porque acudían a Buda con cada cuestión sencilla y preguntaban si estaba bien o mal. Y él hacía una regla de que esto estaba bien y eso estaba mal. ¡Un hombre hizo treinta y tres mil reglas! Es bueno que durante veinticinco siglos eso no haya continuado, de otro modo... Ustedes hacen millones de cosas; yo no voy a molestarme con cada pequeña cosa que hagan.

Mi interés es muy fundamental, muy fundacional: su consciencia. No me concierne lo que hacen; me concierne el que lo hace. Y una vez que el que hace despierta, es imposible hacer nada incorrecto. Entonces, cualquier cosa que haga es correcta. Así que si me preguntan qué es correcto, qué es incorrecto, diré: cualquier cosa que hagan conscientemente es correcta, cualquier cosa que hagan inconscientemente es incorrecta. Pero no utilizo en absoluto la palabra «pecado». Aun si hacen algo mal, es sólo un error humano ordinario, por el que nadie necesita inventar el infierno, nadie necesita inventar el cielo, nadie necesita venir a redimirlos y liberarlos. Ustedes son los únicos que han permitido ser restringidos por otros.

Ahora, por favor recuerden una cosa: otros pueden restringirlos, pero nadie puede redimirlos.

Sólo tú puedes redimirte a ti mismo, y eso lo haces evitando que otros te restrinjan y pongan más y más cadenas en ti, levantando muros cada vez más altos a tu alrededor.

Tú eres tu propio mesías, tu propia salvación.

2

LAS RAÍCES DE LA CORRUPCIÓN

Sólo puedes llegar a la verdad cuando estás completamente desnudo; cuando has descartado toda vestimenta, todas las filosofías, todas las teologías, todas las religiones; cuando has desechado todo lo que te ha sido dado; cuando llegas con las manos vacías, sin saber de ninguna forma. Cuando llegas con conocimiento, ya llegas corrompido. Cuando vienes con inocencia, sabiendo que no sabes, entonces las puertas se abren: entonces serás capaz de saber. Sólo esa persona que no tiene conocimiento es capaz de conocer.

¿Existe Dios? ¿Cómo puede haber tanta maldad y corrupción en el mundo si Dios existe?

«Dios» es una palabra mítica, una palabra fetiche inventada por los sacerdotes. De hecho, preguntar si Dios existe es absurdo. Para quienes saben, Dios es la existencia, o la existencia es Dios.

Las cosas existen, Dios no. Una silla existe porque la silla puede pasar a la no existencia. Decir que la silla existe es significativo porque la no existencia es posible. Dios es existencia, el mero ser. Cuando decimos «Dios existe», creamos algo con la palabra «Dios»; entonces Dios se convierte en una cosa. Pero Dios no es una cosa, ni es una persona. Por eso uno no puede hacerlo responsable de nada. La responsabilidad sólo viene cuando hay una personalidad, cuando hay alguien que puede ser responsable.

Dios no es una persona, es existencia pura. La palabra crea confusión porque personifica. Es mejor usar la palabra «existencia». La totalidad de la existencia es Dios.

Entonces, no se puede preguntar si Dios existe. Es como preguntar si la existencia existe. Puesto de esta forma, preguntar si la existencia existe... la pregunta se vuelve absurda. Obviamente la existencia existe; no hay duda de ello. Ni siquiera puede existir la pregunta de si la existencia existe, ni quien lo pregunte.

Me gustaría dejar claro que cuando digo Dios, digo la existencia como tal. Dios no es una cosa entre otras, Dios es la *cositud* total. Afirmar que la mesa existe es lo mismo que decir que la mesa es Dios. Decir que tú existes es lo mismo que decir que tú eres Dios. Dios es la existencia. Dios es el ser, la cualidad de ser, la cualidad de la existencia.

En primer lugar, Dios no es una cosa. En segundo, Dios no es una persona porque la totalidad no puede ser una persona. La personalidad es una relación. Solo, completamente solo, no serás una persona en absoluto, serás la existencia misma. Por eso quienes buscan lo divino tienden a ir en soledad. De esta forma, pueden dejar de ser personas y volverse uno con la existencia. La soledad, la absoluta soledad, es un paso hacia saltar al abismo de la existencia.

Dios no es una persona porque no hay nada opuesto a él, nada distinto de él. Dios no puede decir «yo» porque no hay otro que exista como «tú». No se puede relacionar con nadie. Es el todo, así que todas las relaciones existen en él y no pueden existir más allá de él.

Así que, si Dios no es una persona, no hay cuestión de ninguna responsabilidad. Si el mal existe, existe. Nadie es responsable de él. La totalidad no puede ser responsable de él.

La responsabilidad implica que hay una persona que puede ser responsable. Un niño de cuatro años no puede ser llevado al tribunal porque no es todavía una persona y por tanto no se le puede hacer responsable de nada que haya hecho. Es tan inocente que incluso el sentido de personalidad, el sentido del ego, no está allí. No es responsable en absoluto porque la responsabilidad viene con el ego. La existencia no tiene ego en absoluto —Dios no tiene ego en absoluto—, así que uno no puede hacerlo responsable de cualquier mal que exista.

Pero la mente humana es muy astuta. Primero inventamos un Dios personificado —le damos personalidad a Dios— y luego lo hacemos responsable de lo que ocurre. Seguimos creando problemas que no son problemas, sino sólo falacias lingüísticas. Noventa y nueve por ciento de la filosofía consiste sólo en falacias lingüísticas. Si llamamos a la totalidad «existencia», no podemos hacerla responsable; pero si la llamamos «Dios», podemos hacerlo responsable… sólo la palabra ha cambiado.

La existencia no es personal, es impersonal. Pero si Dios se convierte en persona, entonces podemos preguntar: «¿Por qué existe el mal?». Todo el juego es realizado por nosotros; Dios no participa en absoluto. Cuando damos un nombre a la existencia, un nombre personal, creamos problemas. Esos problemas no son auténticos: son problemas creados, inventados.

Dios significa existencia. No puedo decir que Dios existe, porque sería una tautología. Sería tanto como decir que la existencia existe, o que la poesía es poesía. No significa nada, no define nada, no aclara nada ni explica nada: sólo se repite a sí mismo.

Para mí, Dios es existencia, y la existencia es impersonal. No puede ser de otro modo porque la totalidad no puede ser una persona. ¿Cómo podría ser? ¿En contraste con quién podría ser un individuo, una persona? ¿En contraste con el ego de quién puede crear su propio ego?

Uno se convierte en ego porque otros egos existen. Los psicólogos dicen que el ego se desarrolla en un niño más tarde que el sentido del otro. Primero el niño se percata de otros, luego de percata de sí mismo. El ego es una adición posterior.

No puedes percatarte de ti mismo si no hay otro. Sin el otro no puedes definirte: tu definición de ti mismo deriva del otro. Los otros te definen; te hacen algo separado. Al conocer a otros, llegas a sentir tus propias fronteras. Entonces sabes, «estoy aquí y no estoy allá». Entonces sabes, «este cuerpo es mío, y ese cuerpo no es mío». Entonces lo que eres tú está definido con claridad, definido por otros egos. Si no hubiera otro, jamás te percatarías de ti como persona.

Dios no puede convertirse en un ego. No puede decir «yo» porque no hay «tú»: no puede definirse a sí mismo. Dios es indefinible porque una definición significa trazar fronteras, y la totalidad no tiene fronteras. Totalidad significa lo que no tiene fronteras, lo infinito.

No podemos concebir lo infinito: cualquier cosa concebible por la mente es finita. Incluso cuando pensamos en lo infinito lo concebimos como una finitud más grande, jamás como lo infinito. No podemos concebir una existencia sin fronteras, pero de todos modos es así. Que la concibamos o no, ninguna diferencia implica.

La mente no puede concebir lo infinito porque la mente requiere definiciones, fronteras claramente delimitadas. Por eso Dios, la existencia, no puede ser entendido por la mente.

Dios es lo indefinible. Como usamos el pronombre *él* para una persona, lo usamos para Dios. Pero *él* no es correcto, porque al llamar a Dios *él*, se convierte en persona. Sin embargo, no hay otra forma. Si llamamos a Dios *ello*, puede parecer mejor, pero puesto que llamamos *ello* a las cosas, Dios también se convierte en una cosa. Nuestra lengua no está hecha para expresar lo indefinible; lo mejor que podemos hacer es usar *él*. Pero *él* no es una persona en absoluto: es una no persona, un no ego. No podemos hacerlo responsable.

Si decimos que algo es malo —que existe el mal o existe la necesidad—, se lo estamos diciendo a nadie. El universo no nos dará una respuesta, porque en lo que a la existencia concierne no hay mal. El mal depende de nuestras actitudes; depende de nuestras definiciones moralistas. Por ejemplo, podemos llamar feo a alguien, pero no hay fealdad en la existencia misma porque no hay belleza. La distinción es humana, no es existencial. Nosotros hemos hecho la definición: hemos definido algo como belleza y algo más como fealdad. Hemos hecho esa distinción cuando preguntamos: «¿Por qué Dios ha hecho la fealdad?».

No hay forma de decidir qué es bueno y qué es malo. Si no hubieran seres humanos en la tierra, ¿habría algo bueno o malo? No habría bueno ni malo porque la bondad y la maldad son distinciones humanas, distinciones mentales. Si no hubiera seres humanos en la Tierra, ¿habría alguna flor que fuera fea o una que fuera bella? Sólo habría flores floreciendo; la distinción no estaría allí.

Tú dices «eso es malo» y «esto es bueno». Pero si, por ejemplo, la madre de Adolf Hitler lo hubiera matado durante su infancia, ¿habría sido bueno o malo? Ella habría sido una criminal y la habrían castigado por ello. Pero ahora, mirando al pasado, podemos decir que habría sido un acto muy moral: al matar a su hijo podría haber salvado a millones de personas.

Nadie puede saber el futuro. Para nosotros, todo acto es incompleto, todo acto es un fragmento. No conocemos el todo, así que no podemos emitir un juicio sobre él.

Es como una página arrancada a una novela; ¿cómo podemos hacer cualquier juicio sobre la novela leyendo una sola página? No sabemos nada de la novela. Es sólo un fragmento: no tiene principio ni fin. Diremos: «Me gustaría leer la historia completa primero. De otro modo no se puede decir nada al respecto. Esta página no basta».

Palabras como «bueno» y «malo» son sólo convencionales, utilitarias; no son existenciales. No podemos existir sin clasificar las cosas como buenas o malas porque de otro modo la sociedad sería imposible.

Hay que entender esto con claridad. Las definiciones no son verdades definitivas, son relativas. No existe un solo acto que no pueda considerarse bueno en algún contexto. Una buena obra puede ser mala en cierto contexto y una mala puede ser buena en otro. Si uno va a emitir un juicio final, tiene que saber todo, desde el principio hasta el final: todo sobre el conjunto de la existencia. Pero, por supuesto, eso es imposible.

Todas nuestras aseveraciones sobre lo bueno y lo malo, la belleza y la fealdad, no son más que reglas de tránsito. Tenemos que hacerlas, pero no son verdades absolutas. «Conserve su derecha» o «Conserve su izquierda»: no hay diferencia. Pero ninguna sociedad puede hacer ambas: tiene uno que conservar la derecha o la izquierda. La regla es utilitaria; no es natural ni absoluta.

Al camino no le importa en absoluto si uno va a la derecha o a la izquierda, pero el tráfico requiere ciertas reglas. Cuando hay menos tráfico uno no tiene que hacer reglas; pero, mientras más confuso el tráfico, más reglas se necesitan. En una aldea no se necesitan reglas de tránsito, pero en la gran ciudad sí.

Conforme una sociedad se desarrolla con mayor complejidad, se necesita una moralidad definida con mayor claridad; de otro modo no se puede vivir. Pero estas moralidades, estas concepciones de lo bueno y lo malo son convenciones humanas.

Cuando preguntes cómo puede haber corrupción si Dios existe, recuerda: Dios no se involucra en absoluto. Hay razones para la corrupción, pero Dios no es responsable, la totalidad no es responsable. Si hay que achacar la responsabilidad a alguien, tiene que ser a nosotros. Hemos creado una sociedad en la que la corrupción se ha vuelto necesaria porque su base misma es corrupta.

A menos que cambiemos la base misma de la sociedad, habrá corrupción; siempre ha habido corrupción. Las formas han cambiado, pero la corrupción ha persistido porque no hemos creado todavía una sociedad en la que la corrupción sea imposible.

La situación es creación nuestra; Dios no participa en ella para nada. Es tan creación humana como esta mesa, este sofá. No puedes hacer a Dios responsable de esta casa, o de que esta habitación sea pequeña y no grande, o de que esta ventana mire al Oeste y no al Este. Nunca le preguntamos a Dios: «¿Por qué construiste esta ventana en la pared este y no en la oeste?». Sería una tontería: sabemos que alguna persona construyó esta ventana en la pared este. A Dios nunca se le preguntó al respecto, no participó en ello.

Del mismo modo, podemos preguntar por qué hay corrupción, pero no podemos hacer referencia a Dios. Inquirir por qué hay corrupción es una pregunta pertinente, pero hablar de Dios en referencia a la corrupción es impertinente. Nuestra sociedad fue construida por nosotros: somos los arquitectos. Y como el fundamento es erróneo, porque la base sobre la cual hemos construido todas las estructuras de la sociedad no es científica, está destinada a ser corrupta. Es un problema humano. Podemos cambiarlo o prolongarlo: depende de nosotros.

Por ejemplo, toda nuestra educación está orientada a la ambición. Nuestra sociedad entera es ambiciosa y una sociedad ambiciosa jamás puede ser otra cosa que corrupta. Si se crea ambición en cada persona, no todas podrán satisfacerla. Se puede decir que cualquiera puede ser presidente, pero sólo una persona puede ser presidente en un momento dado. Cuando se enseña que todos pueden ser presidentes, se crea ambición: si todos pueden ser presidentes, ¿por qué uno no lo es? Pero como sólo una persona puede ser presidente, comienza una carrera loca. Se usará cualquier medio… incluso medios malignos.

La ambición corrompe, la mente ambiciosa está destinada a ser corrupta. La ambición es la semilla de la insania. Sin embargo, toda nuestra educación está orientada a la ambición. El padre dice: «¡Tienes que ser alguien!», y se crea la fiebre: uno enferma. Sólo una persona puede ser presidente, y miles de personas que no lo lograrán están inflamadas con la misma ambición. Entonces no se puede estar sano: uno se vuelve enfermo. Porque se crea tanta tensión en su interior, uno se vuelve corrupto: se valdrá de cualquier medio para lograr su objetivo.

Es infeccioso. Si uno ve que alguien utiliza medios corruptos, uno sabe que si no los usa se quedará atrás. Entonces, tiene que emplear métodos igualmente corruptos. Entonces alguien más ve que uno es inescrupuloso, así que él también tiene que serlo. Se vuelve cuestión de supervivencia. Ninguna otra cosa es posible dentro de ese marco, esa estructura. Si uno observa las raíces mismas de la sociedad verá que la corrupción es un derivado natural de nuestro condicionamiento, nuestra educación, nuestro cultivo.

La complejidad de nuestra estructura social es tal, que quienes tienen éxito pueden esconder su corrupción. La corrupción sólo se ve cuando alguien fracasa. Si uno tiene éxito nadie sabrá que ha sido corrupto; el éxito oculta todo. Uno sólo tiene que triunfar para estar en el pináculo de la bondad: se convertirá en todo lo que es bueno, puro, inocente. Eso significa que uno puede triunfar en cualquier forma que desee, pero debe triunfar. Una vez que lo consigue, una vez que tiene éxito, nada que haya hecho es indebido.

Así ha ocurrido a lo largo de la historia. Alguien sólo es ladrón si roba poco. Si es un gran ladrón, entonces se vuelve Alejandro Magno, un héroe. Nadie percibe que no hay diferencia cualitativa entre los dos, que la diferencia sólo es cuantitativa. Nadie llamaría gran ladrón a Alejandro Magno porque la medida de la bondad es el éxito: mientras más exitoso sea alguien, más bueno es. Los medios sólo se cuestionan si uno es un fracaso; entonces lo llamarán corrupto y tonto.

Si ésta es la actitud, ¿cómo es posible crear una sociedad incorrupta? Pedir a alguien que sea moral en esta situación inmoral es pedir un absurdo. Un individuo no puede ser moral en una sociedad inmoral. Si intenta ser moral, su moralidad sólo lo volverá egoísta y el ego es tan inmoral y corrupto como cualquier otra cosa.

Esta situación es creación humana. Hemos creado una sociedad con una carrera desenfrenada por la riqueza, el poder, la política; continuamos apoyándola, y luego preguntamos por qué hay corrupción. Donde hay ambición, la corrupción será la consecuencia lógica. No se puede contener la corrupción a menos que se destruya la estructura básica que alienta la ambición.

La ambición incluso se vuelve manifiesta en torno a un llamado santo. Él nos incitará a la ambición en términos de comparación; dirá: «Sé mejor que otros. Sé bueno para que vayas al cielo y seas amado por la divinidad, en tanto otros serán torturados en las llamas del infierno». El veneno de la ambición se puede usar con facilidad para hacer buena a una persona.

Pero, en verdad, eso no es posible. Una persona puede ser ambiciosa y mala —eso es natural, lógico—, pero no puede ser ambiciosa y buena. Eso es imposible. Si una persona quiere ser buena, no puede pensar en términos de comparación, porque el florecimiento de la verdadera bondad sólo se da cuando no hay comparación.

La comparación es la barrera, porque la comparación crea ego. Crea violencia. En el momento en que dices: «Soy más humilde que tú», te has vuelto violento. Has empleado un método sutil y astuto de asestar una cuchillada al otro; lo has matado. El arma es letal, y mucho más sutil que las armas políticas o capitalistas. Si dices: «Soy mejor que otros, más santo que otros», puede que el objetivo sea diferente, pero estarás en la misma ruta de la ambición. Los criminales y pecadores no son los únicos corruptos; las llamadas buenas personas, los *santos*, también son corruptos… en forma más sutil.

Toda nuestra sociedad es corrupta. Crea pecadores con ambición y santos con ambición. Y son interdependientes, porque existen en el mismo eje: el eje de la ambición. Una persona que entiende esto se apartará por completo de la sociedad. No será un pecador ni un santo; no encajará en ninguna categoría, y uno estará sin medios para evaluar quién es, qué clase de persona es.

Necesitamos una sociedad que no sea ambiciosa.

Dios no tiene nada que ver con ello, pero si uno es ambicioso, hasta Dios formará parte de su ambición. Uno tratará de perseguirlo, de adosarse a él.

Una persona ambiciosa jamás podrá adosarse a Dios. Nunca está relajada, nunca es amorosa, porque la ambición es violencia. Y una persona que no está en calma, que no es amorosa, que no es silenciosa o pacífica, jamás podrá saber lo que Dios es. Dios no es algo que se pueda conocer con el intelecto, es algo que sólo se puede sentir.

Cuando uno está en calma, relajado por completo, sin ir a ningún lado —cuando la mente está quieta y en paz consigo misma—, entonces se sabe lo que es la existencia. Entonces se conoce la belleza y la dicha de la existencia. No es la belleza en contraste con la fealdad; no hay contraste y no hay comparación. Más bien, todo se vuelve hermoso; la sola existencia es hermosa. Entonces un cacto es tan hermoso como una rosa. La individualidad es hermosa, es incomparable.

Entonces, por primera vez, uno comienza a amar. No es un amor que exista en contraste con el odio, porque esa clase de amor nunca será amor en verdad; está destinado a ser una forma diluida del odio, una forma no intensa del odio. Es el polo opuesto: el amor existe en un polo y el odio existe en el otro, y uno va oscilando del uno al otro. El odio significa menos amor. El amor significa menos odio.

Puedes preguntar cómo se va más allá del odio y del amor. Sólo puedes ir más allá de la dualidad del amor y el odio si ya no eres ambicioso, si ya no estás tenso, si estás relajado: sin ir a ninguna parte, sin buscar nada en absoluto, sólo con ser. Entonces conoces a Dios y, de manera simultánea, conoces el amor. El amor es producto de estar a tono con el infinito; lo sigue como una sombra, es una consecuencia.

Buda nunca buscó el amor: el amor llegó a él. Jesús nunca pensó en el amor; él vivió el amor. La búsqueda del amor no puede ser directa; es un perfume tan sutil que no se le puede buscar en forma directa. Viene como producto de la comprensión de que todo es uno, producto de comprender que Dios existe en tu enemigo y en tu amigo.

En el momento en que te das cuenta de que no estás separado de la existencia, de todo lo que es, de que eres parte de ella —y no una parte mecánica, sino una parte orgánica, así como una ballena está unida orgánicamente al océano y es una con él todo el tiempo, así como mi mano es orgánicamente una conmigo—, entonces puedes conocer el amor.

Sólo cuando dejas de ser ambicioso te vuelves consciente de él. Sólo una mente no ambiciosa es religiosa. No importa cuál sea tu ambición —sea la riqueza, el poder o la fama, o incluso la liberación o Dios—, si eres ambicioso, eso significa que tu mente se mueve hacia otra parte, corre hacia otra cosa. Siempre está ocupada consiguiendo, nunca está siendo lo que ya es.

La ambición es tensión, y la tensión es la barrera hacia el encuentro de lo divino. Una vez que lo encuentras, ya no eres: el encuentro te limpia por completo, te devora por completo. Sólo entonces hay amor. La muerte del ego es el nacimiento del amor.

Comúnmente pensamos en el amor en contraste con el odio. Pero los que saben siempre piensan en el amor en contraste con el ego. El verdadero enemigo del amor no es el odio: es el ego. De hecho, el odio y el amor como los conocemos son dos caras de la misma moneda.

El amor llega cuando uno no es, cuando el ego no está allí. Y el ego no está allí, ni uno es, cuando uno no es ambicioso. Un momento no ambicioso es un momento de meditación. En un momento no ambicioso, cuando no se busca nada, no se pide nada, no se ora por nada, cuando uno está totalmente satisfecho con lo que es, sin compararse con nadie más... en ese momento se toca el profundo yacimiento de lo divino. No sólo está uno en contacto con él: está uno profundamente en él, es uno con él.

Entonces el amor fluye. Entonces no se puede hacer otra cosa; sólo se puede amar. Entonces el amor no es lo opuesto al odio. No hay amor como lo hemos conocido ni odio como lo hemos conocido; ambos han cesado. Ahora crece en nosotros una calidad muy diferente de amor, en una nueva dimensión.

Este amor es un estado de la mente, no una relación. No se relaciona con nadie; no es que uno ame a alguien; más bien, es que uno ama. El otro no es, el amado no es, sencillamente uno ama cualquier cosa que entre en contacto con uno. Uno es amor; uno vive en el amor. Se ha vuelto su perfume.

El amor está allí, el perfume está allí, aunque uno esté solo: como una flor en un sendero solitario. Nadie pasa, pero la flor está allí con su perfume. Nadie está allí para saberlo, para disfrutarlo, pero el perfume se sigue esparciendo en silencio porque no va dirigido a nadie. El perfume está allí porque es la manifestación de la naturaleza intrínseca de la flor. La flor es dichosa, y el perfume es parte de su naturaleza. No hay esfuerzo para esparcirlo: no requiere esfuerzo.

Cuando no hay ego, el amor llega como perfume, como un florecimiento del corazón. Entonces se sigue esparciendo. No va dirigido a nadie. Carece por completo de dirección. Cuando el amor no tiene dirección, se vuelve plegaria. Cuando tiene dirección, degenera en sexo; cuando no la tiene, se eleva a plegaria.

Dios, el amor o la muerte no son problemas por resolver: son experiencias por las que hay que pasar. No son preguntas que se puedan responder: son misiones que se pueden realizar o no. A Dios no se le puede convertir en pregunta. Siempre que se hacen preguntas sobre Dios, serán superficiales. Y las respuestas son aún más superficiales, porque una pregunta superficial sólo puede contestarse con una respuesta más superficial.

Dios es una misión existencial; una indagación, no una pregunta. Así que no hay una respuesta preconcebida a la pregunta: ¿existe Dios? Los que dan respuestas preconcebidas a esta pregunta no saben nada en absoluto. No se puede decir que Dios existe y no se puede decir que Dios no existe. Las dos respuestas son irrelevantes, porque ninguna respuesta puede tocar el problema real.

Las teologías de todas las religiones se han vuelto superficiales porque sencillamente se han vuelto expertas en proporcionar respuestas preconcebidas. Uno pregunta, y se le da una respuesta. Pero esto ha hecho un daño muy sutil al espíritu religioso. Esas cosas no se pueden responder así. No se puede preguntar a alguien: «¿Qué es el amor?» ¡No se puede! Y si responde, él está en el mismo barco que uno: ninguno de los dos sabe.

Queremos respuestas porque tratamos de escapar del sufrimiento inherente al proceso del amor, al proceso que es la vida, la existencia, Dios. Queremos saber que vamos en nave segura, para no sufrir. Pero sufrir es nacer; a través del sufrimiento hay éxtasis. Hay que pasar por la noche oscura del alma para llegar al amanecer. No podemos preguntar lo que es el amanecer. Hay que pasar por la oscuridad para conocerlo.

Dios es una búsqueda, no una pregunta, y una búsqueda no puede ser contestada. Tiene que vivirse; hay que meterse en ella profundamente. Hay que comprometerse en ella; hay que arrojarse a ella. Eso es el miedo: arrojarse hacia lo desconocido, hacia lo que no está en los mapas.

Como tienes miedo, te sientas en la orilla y haces preguntas. Y, por supuesto, siempre hay personas que derivan placer de contestar. Contestarle a alguien llena el ego; uno sabe y los otros no, el otro es ignorante y uno es sabio. Así es como transcurre esa mutua tontería: alguien pregunta y alguien contesta. Los dos están en la ignorancia porque el problema no se puede resolver en la orilla. Uno tiene que entrar en aguas desconocidas, y uno no puede adentrarse en lo desconocido con respuestas preconcebidas.

Las respuestas preconcebidas son una barrera a lo desconocido. Uno tiene que ir hacia lo desconocido con total inseguridad, sin saber nada. Eso es lo necesario, y nada puede hacerse
al respecto. Saltar a lo desconocido es encontrarse con la verdad, el éxtasis. Cuando te encuentras con lo divino, no es sólo
una respuesta: es una transformación, te vuelves uno con él.

Uno no puede volverse uno con una respuesta, una respuesta siempre se mantiene separada en la memoria. Sigue uno re-
cabando respuestas y apilándolas en la mente; luego sabe uno
tantas respuestas y sin embargo la pregunta sigue siendo la
misma: aún no es respondida.

La pregunta no puede responderse así. Sólo puede ser respondida a través de una mutación. Cuando encuentras directamente lo divino —cuando lo divino está ante ti y tú estás ante
lo divino, sin ninguna barrera en medio—, entonces encuentras
el fuego y eres transformado. Entonces te vuelves uno con la
llama divina: tú y la llama no están separados. Entonces nunca
preguntas «¿Qué es Dios?», porque no están separados. Nunca
haces la pregunta «¿Qué es Dios?», porque no están separados.

Los que han sabido permanecen en silencio, han hablado,
pero no han dado respuesta a la pregunta; no hay de hecho
ninguna aseveración. Han apuntado en cierta dirección, pero
apuntar no es hacer una aseveración, es sólo un gesto. Por la
limitación de las palabras, del lenguaje —por las limitaciones
de la mente humana, del preguntar y el responder—, uno sólo
puede indicar, sólo puede apuntar en determinada dirección.

Dios es un encuentro vivo, no una pregunta. Y a través de
Dios, el amor llega. Pero uno sólo puede llegar a conocer a Dios
cuando no es ambicioso. No seas ambicioso y sabrás.

No te definas por los que están detrás, porque nadie está
detrás; o por quienes están delante, porque nadie está delante. No te compares con nadie. Estás solo. Sólo tú eres como
tú; nadie más es como tú. Sé sólo lo que eres.

Eso no significa que no seas activo. Sé activo, pero sólo por
ti, no en comparación con otros. Florece por ti mismo, no en

comparación con otros. Con esta actitud, cuando la mente es por completo inmutable, algo de lo divino te atraerá; tendrás atisbos.

Una vez que conozcas la dicha de esos atisbos, conocerás la tontería, lo absurdo y la absolutamente innecesaria miseria de la ambición. Entonces la mente se detiene por sí misma. Se vuelve por completo quieta, silenciosa, sin logros. En ese momento de quietud, viene el salto. Y después del salto está Dios. Después del salto está el amor... el amor lo sigue como una sombra.

Toda mi vida he intentado llevar una vida religiosa. Pero entonces, ¿por qué sigo sintiéndome abatido?

La vida religiosa no se puede «intentar». Cualquier cosa que hayas hecho en nombre de la religión debió haber sido algo más. La religión no es un esfuerzo, es una consciencia. No es una práctica, es una percepción. No es un cultivo, no se puede cultivar: la vida religiosa nada tiene que ver con el carácter.

El carácter se puede cultivar. El carácter es moral; hasta una persona no religiosa puede cultivarlo. De hecho, las personas no religiosas tienen más carácter que las llamadas religiosas, porque la persona religiosa sigue creyendo que puede chantajear a Dios, o que al menos puede chantajear al sacerdote de Dios, y que hallará alguna forma de entrar en el paraíso. Pero la persona no religiosa tiene que ser responsable de su vida, responsable ante sí misma. No hay Dios, ni sacerdote, nadie ante quien rendir cuentas; es responsable sólo ante sí misma.

La religión nada tiene que ver con el carácter. De hecho, la persona en verdad religiosa carece por completo de carácter. Pero trata de entender las palabras «carente de carácter»; no significa no tener carácter: significa un carácter fluido. Vive momento a momento, respondiendo a nuevas situaciones, nuevos desafíos, sin respuestas preconcebidas.

El llamado hombre de carácter tiene respuestas preconcebidas. Nunca se molesta en saber cuál es el reto; sigue respondiendo de las mismas maneras aprendidas. Por lo tanto, siempre se queda corto, y en eso radica su miseria. Nunca está a tono con la existencia; no puede estarlo, porque está más interesado en mantener su carácter que en estar a tono con la existencia. Lo que fue correcto ayer puede no serlo hoy, y lo que es correcto en este momento puede no serlo en el siguiente. El hombre de carácter tiene ideas fijas de lo que es correcto e incorrecto; su fijación es el problema.

Eso es lo que debe de tenerte abatido. No eres flexible, no puedes serlo. El llamado hombre de carácter es absolutamente inflexible. Es como madera seca. No es como un árbol verde que se mueve con el viento, que baila con el viento, que se inclina para dejar pasar al viento y se endereza después.

El verdadero hombre religioso es como un árbol verde; de hecho, es más como hierba verde. Así es como Lao Tsé define al hombre religioso: es como la hierba. Si el viento viene, la hierba se inclina, cae sobre la tierra, de ningún modo lucha con el viento. ¿Por qué luchar con él? Somos parte de una unidad orgánica; el viento no es nuestro enemigo. La hierba se inclina; el viento se va y la hierba vuelve a danzar. El viento ha sido una ayuda, se ha llevado el polvo. La hierba es más fresca, más verde, disfrutó el juego con el viento.

Pero un gran árbol, egoísta, tieso, rígido, incapaz de inclinarse, caerá con el viento fuerte y no podrá levantarse de nuevo; su destino es estar abatido. Un hombre de carácter siempre está abatido. Su única felicidad es que es un hombre de carácter, eso es todo. ¿Y qué tiene que ver el carácter con la religión? Uno puede comer algo o no comer algo; puede beber algo o no beber otra cosa; uno puede fumar o no fumar. ¡Se cree que tales trivialidades tienen inmenso valor!

Y tú la practicas… ¿qué quieres decir con eso de que la practicas? Debe de ser una represión, y un hombre que se reprime está destinado a estar abatido, porque todo lo que ha reprimido lucha en su interior por regresar, por volver a ser poderoso. Aun cuando lo hayas reprimido, sigue tirando de tus cuerdas desde el inconsciente. Te mantendrá siempre en un estado de conflicto, de tormenta interior; dentro de ti persiste una guerra civil. Permanecerás tenso, ansioso, preocupado, y siempre temeroso, porque sabes que el enemigo está allí, que lo has reprimido y que el enemigo trata en todo momento de cobrar venganza. Y hay un punto más allá del cual no puedes reprimir más porque no puedes contener más; hay un límite para cada cosa. Entonces todo lo que has reprimido explota, como pus que mana de ti. Eso es lo que nos han dicho que es el estado de un hombre religioso: este carácter represivo.

Mi enfoque es por completo diferente. Yo no digo que practiques la religión ni que la religión tenga nada que ver con esta ideología ordinaria, moralista, puritana.

> Un pordiosero desaliñado y sin afeitar, con los ojos inyectados de sangre y sin media dentadura, se acercó a pedir una moneda a Hogan.
>
> —¿Tú bebes, fumas o juegas? —preguntó el irlandés.
>
> —Señor —contestó el vagabundo—, no bebo una gota, ni fumo la sucia yerba ni me molesto con el juego maligno.
>
> —Bien —dijo Hogan—. Ven conmigo a casa y te daré un dólar.
>
> Al entrar en la casa, la esposa de Hogan lo llevó aparte y susurró:
>
> —Querido, ¡cómo te atreves a traer a ese espécimen de terrible aspecto a casa!
>
> —Querida —dijo Hogan—, sólo quería que vieras cómo se ve un hombre que no bebe, ni fuma ni juega.

Esas personas no son religiosas.

Dices: «He intentado toda mi vida llevar una vida religiosa». ¡Has desperdiciado tu vida! Ya no la desperdicies. La religión no es algo que se intente. ¿Qué sabes de la religión?

Excepto en meditación profunda, uno nunca se encuentra con la religión. No está escrita en el Gita ni en el Corán. No está escrita en ningún lado porque no puede ser escrita. Lo que está escrito es la moralidad. Lo que está escrito es: «Debes hacer esto, no debes hacer aquello», «debes» y «no debes». La religión nada tiene que ver con eso.

La religión es básicamente la ciencia de crear consciencia en ti. Vuélvete más meditativo, más consciente. De esa consciencia nace un carácter muy flexible y espontáneo, que cambia cada día con la situación, que no se ve atraído hacia el pasado, que no es como algo preconcebido. Por el contrario, es una responsabilidad, una capacidad de responder momento a momento a la realidad, es como un espejo: refleja lo que sea el caso, y de ese reflejo nace la acción. Esa acción es acción religiosa.

No sabes nada de la religión. ¿Cómo puedes practicarla? Y dices: «¿Por qué estoy abatido todavía?».

Cualquier cosa que hayas practicado, debes de haberla practicado con codicia, para lograr algo. Debes de estar esperando que una gran felicidad se derramaría sobre ti, que Dios va a recompensarte, que hará de ti el hombre más rico del mundo o el presidente de un país, o que serás muy famoso: un gran santo, algo así. No has amado la religión; la has usado como un medio para algún otro fin, de otro modo esta pregunta nunca surge. Una persona religiosa no puede decir: «¿Por qué todavía estoy abatido?», porque sabe: «Si estoy abatido, eso significa que no soy religioso».

El abatimiento es efecto de ser inconsciente. Si eres consciente, el abatimiento desaparece. No es que sea una recompensa, es sólo un resultado simple de la consciencia. Lleva una luz, una lámpara a la casa y la oscuridad desaparece. No es una recompensa de Dios: no es que él vea que has llevado la luz, y que ahora tenga que recompensarte y eliminar la oscuridad. No, es una ley natural: *aes dhamma sanantana*: ésa es la ley eterna. Lleva luz y la oscuridad desaparece, porque la oscuridad no tiene existencia propia; es sólo la ausencia de luz.

El abatimiento es ausencia de consciencia. Es imposible ser consciente y estar abatido; nadie ha sido capaz de ello hasta ahora. Si tú puedes hacerlo, estarás haciendo algo histórico, inaudito, incomprensible. Estarás haciendo un milagro que ningún buda ha sido capaz de hacer. Tampoco tú puedes; es imposible, no está en la naturaleza de las cosas. ¿Cómo se puede mantener la oscuridad cuando la luz brilla en la habitación? Se puede mantener la oscuridad, pero entonces tienes que apagar la luz; no puedes tener ambas a la vez, ninguna coexistencia es posible.

Si estás abatido, eso muestra simplemente que no has entendido la religión y que has estado intentando otra cosa en nombre de la religión. Has sido un moralista, un puritano. Has estado intentado forjar un carácter. ¿Por qué? Porque el carácter es elogiado, porque la sociedad respeta el carácter. Es un viaje del ego… muy sutil, pero viaje del ego al final de cuentas. Y el ego crea abatimiento.

Tus llamados santos son todos tristes. Me he encontrado con cientos de tus santos —hindúes, jainas, budistas, musulmanes, cristianos— y todos están abatidos. Todos esperan ser recompensados después de la muerte. La verdadera religión es el instante: aquí te vuelves consciente y de inmediato desaparece el abatimiento. No necesitas esperar la otra vida; ni siquiera necesitas esperar a mañana.

Eso es lo que Buda quiere decir cuando dice: «Sé rápido en hacer el bien». El mayor bien es estar consciente, porque todos los demás bienes nacen de allí. Ser consciente es la fuente de toda bondad, de toda virtud.

¿Se puede crear a Buda o a Cristo a partir de cualquier ser humano común? ¿O Buda o Cristo sólo pueden nacer como tales? Toda persona es Buda, toda persona es Cristo… siento que no es verdad.

El buda o el cristo no se pueden crear porque el buda es tu naturaleza intrínseca. No necesita ser creado. Tampoco tiene que desarrollarse; ya está allí, ya es el caso. Sólo se tiene que desenvolver, se tiene que descubrir.

El tesoro está allí; tienes que encontrar la llave para abrir la puerta. El tesoro no debe ser creado, no debe ser desarrollado; sólo tienes que encontrar la llave correcta. Has olvidado la llave: la llave también está contigo. Dios te provee de todo lo que necesitas en el viaje; vienes preparado por completo. Pero la sociedad perturba a todos los niños, distorsiona a todos los niños, porque un buda o un cristo es inútil para la sociedad; no sirven a ningún propósito utilitario.

¿Qué se puede hacer con un buda? ¿A qué propósito va a servir? Será una flor hermosa, pero las flores no sirven a ningún propósito. Las flores son para disfrutarse, apreciarse, amarse. Uno puede bailar en torno a ellas, beber su belleza, pero no son mercancías en el mercado. ¿Qué se puede hacer con la luna llena? No se puede vender, ni comprar, ni obtener provecho con ella. No se puede tener un mayor saldo bancario por la luna llena.

Por tanto, la sociedad no está interesada en un buda o en un cristo. Buda es una luna llena, un buda es un loto, un buda es un ave en vuelo. El buda es un poema, es una canción, es una celebración. Porque están por completo más allá de la utilidad, la sociedad no está interesada en ellos; en realidad les tiene miedo. Quiere que ustedes sean esclavos, que sean peones en la rueda de la sociedad. Quiere que sean sirvientes de los intereses velados. No quiere que sean rebeldes, y un buda está destinado a ser rebelde.

Un buda no puede seguir mandamientos estúpidos dados por los políticos o los moralistas o los puritanos o los sacerdotes. Y ésas son las personas que explotan a la humanidad, que la oprimen. Comienzan a destruir toda posibilidad de que cualquier niño humano se convierta en un buda. Comienzan a baldar, a envenenar. Y a lo largo de los siglos han aprendido muchas formas de envenenar. Es un milagro que de cuando en cuando un niño haya escapado: debe de haber sido un error de los sacerdotes y los políticos que un niño escapara de la trampa y se convirtiera en un buda.

Toda persona nace para ser un buda, toda persona tiene la semilla de la *buditud* en ella. Pero puedo entender tu pregunta. Dices: «Siento que no es cierto».

Sí, si miramos a las masas no parece ser verdad. Si fuera verdad habría muchos budas, pero uno rara vez sabe de un buda. Sólo sabemos que, en alguna parte, hace veinticinco siglos, un tal Siddartha Gautama se convirtió en Buda. ¿Quién sabe si es cierto o no? Tal vez es sólo un mito, una bella historia, un consuelo, un opio para las masas, para mantenerles la esperanza de que un día también ellas se volverán budas. ¿Quién sabe si Buda es una realidad histórica?

Y así muchas historias han sido tejidas acerca de Buda, y parece más una figura mitológica que una realidad. Cuando se vuelve un iluminado, los dioses vienen del cielo, tocan bella música, danzan en torno a él. Ahora bien, ¿puede eso ser historia? Y del cielo llueven flores sobre él... flores de oro y plata, flores de diamantes y esmeraldas. ¿Quién puede creer que eso sea historia?

Eso no es historia, cierto, estoy de acuerdo. Es poesía. Pero simboliza algo histórico, porque algo tan singular ha ocurrido en Buda que no hay otra forma de describirlo que recurrir a la poesía. No han llovido flores reales sobre Buda, pero siempre que alguien se vuelve un iluminado la existencia toda se regocija... porque no estamos separados de ella.

Cuando nos duele la cabeza todo el cuerpo sufre, y cuando el dolor de cabeza se va todo el cuerpo se siente bien, siente un bienestar. No estamos separados de la existencia. Y hasta que somos un buda, somos un dolor de cabeza: un dolor de cabeza para nosotros mismos, para otros, para toda la existencia. Somos una espina en la carne de la existencia. Cuando el dolor de cabeza desaparece, cuando la espina se convierte en flor, cuando un hombre se vuelve un buda, el gran dolor que ha creado para sí mismo y para otros desaparece.

Sin duda —lo certifico, soy testigo—, sin duda toda la existencia se regocija, danza, canta. ¿Cómo decirlo? No es nada visible; no se pueden tomar fotografías de ello. Por eso la poesía; por eso esas metáforas, símbolos, sonrisas.

Se dice que cuando Buda nació su madre murió al instante. Puede que no sea un hecho histórico, puede que sí. Pero mi sensación es que no es un hecho histórico, porque se dice que siempre que nace un Buda la madre muere de inmediato. Eso no es cierto. Ha habido muchos budas: la madre de Jesús no murió, la madre de Mahavira no murió, la madre de Krishna no murió. Tal vez la madre de Siddartha Gautama murió, pero no se puede decir que siempre que un buda nace la madre muere, no históricamente.

Pero sé que tiene cierta significación propia que no es histórica. «Madre» no quiere decir en realidad la madre, sino todo nuestro pasado. Uno renace al convertirse en un buda; todo el pasado funciona como una matriz, como la madre. Y en el momento en que un buda nace, en el momento en que uno se vuelve un iluminado, todo el pasado muere. Esa muerte es necesaria.

Ahora bien, esto es absolutamente cierto. Ocurrió con Mahavira, con Krishna, con Jesús; ha ocurrido siempre. Decirlo es decir que siempre que un buda nace la madre muere. Uno tiene que ser muy comprensivo para entender estas cosas.

Puedo entender que es difícil, al mirar a la mayor parte de la humanidad, ver que existe una posibilidad de que cada ser humano se vuelva un cristo o un buda. Al mirar una semilla, ¿puedes creer que algún día se convertirá en un loto? Con sólo mirar la semilla, con disecarla, ¿serías capaz de inferir, de concluir que cada semilla se volverá un loto? No parece haber ninguna relación. La semilla no tiene aspecto de nada, y al disecarla no encontramos nada en ella, sólo vacío. Aun así, cada semilla lleva un loto en su interior… y cada ser humano lleva al Buda en su interior.

Me preguntas: «¿Pueden Buda o Cristo ser creados o desarrollados...?».

No, no pueden ser creados y no pueden ser desarrollados; tienen que ser descubiertos, revelados: ya están allí. Sólo tienes que llegar hasta tu centro más profundo y encontrarás al buda encriptado, encontrarás al cristo. Cristo y Buda significan la misma cosa: el estado perfecto de consciencia.

Y dices: «¿... en cualquier ser humano común?».

Nunca me he topado con un solo ser humano común. He encontrado a miles de personas, he mirado a profundidad a miles de personas diferentes, pero nunca me he topado con un hombre común, ordinario. Todo ser humano es único, extraordinario, poco común, excepcional. Dios nunca crea seres humanos comunes, Dios sólo crea consciencias únicas.

Desecha esa idea del «ser humano común». Es un insulto a la humanidad.

Y dices: «¿Buda o Cristo nacen como tales?».

No. Nadie nace como tal. Todos nacemos iguales. También ése es un truco de la mente para evitar crecer. Es esencial que Buda nazca como buda, y Cristo es el hijo unigénito de Dios, y Krishna es una reencarnación de Dios; es una bella estrategia para evadir: «Entonces, ¿qué podemos hacer? Si no somos budas, no es nuestra culpa; no nacimos así. Y si Buda es un buda, ¿entonces qué? Nació buda. No merece ningún crédito; no ha hecho nada especial. Si nacimos como Buda también somos budas. Pero nacemos como seres humanos comunes».

Es una estrategia. La mente es muy astuta, y su astucia es sutil: cuidado con ella. Nadie nace como un buda, sin embargo, todo el mundo tiene el potencial de ser un buda. Y no digas: «Siento que no es cierto», porque, ¿cómo puedes sentirlo a menos que te conviertas en un buda? Sólo puedes inferirlo, sólo puedes pensar; no puedes sentir.

¡Escúchame! Siento que todos pueden convertirse en un buda. Y lo siento porque también fui un ser humano común... y de pronto esta explosión, de pronto esta luz, de pronto este ser meditativo floreció. También tú puedes convertirte en un buda; es tu derecho de nacimiento. No te dejes engañar por tu mente... mantente alerta, atenta.

3

LUCHAR CONTRA SOMBRAS

La moralidad es sólo un producto de estar alerta,
y la inmoralidad es una sombra de la inconsciencia.
No me interesan las sombras ni los productos; me interesa
lo fundamental, lo esencial. Mantente consciente y
serás bueno; mantente inconsciente y serás malo.

Has hablado del conocimiento y la consciencia
y pareces decir que eso es todo lo que se necesita
para guiar nuestras acciones.
¿Significa eso que el asesinato, la violación y el
robo sólo son malos en la medida en que se hacen
sin conocimiento, sin consciencia?

Sí: el único pecado es la inconsciencia, y la única virtud es la
consciencia. Lo que no se puede hacer sin inconsciencia es pecado. Lo que sólo puede hacerse a través de la consciencia es
virtud. Es imposible asesinar si estás consciente; es del todo
imposible ser violento si estás consciente. Es imposible violar, robar, torturar: esas son imposibilidades si hay consciencia. Sólo cuando prevalece la inconsciencia, en la oscuridad de
la inconsciencia, entran en nosotros toda clase de enemigos.

Buda ha dicho: si hay luz en una casa, los ladrones la evi-tan; y si el guardia está despierto, los ladrones ni siquiera lo intentarán. Y si en el interior caminan y hablan personas, y la casa no ha caído en el sueño, no hay posibilidad de que los ladrones entren o siquiera lo piensen.

Es el mismo caso contigo. Estás en una casa sin ningu-na luz. El estado ordinario del hombre es el funcionamien-to mecánico, *Homo mechanicus*. Sólo de nombre eres un ser humano; fuera de eso eres sólo una máquina entrenada y há-bil, y cualquier cosa que haces está mal. Y recuerda, estoy di-ciendo cualquier cosa que haces: ni siquiera tus virtudes son virtudes si estás inconsciente. ¿Cómo puedes ser virtuoso si estás inconsciente? Detrás de tu virtud vendrá un ego enor-me; así ocurre siempre. Incluso tu santidad —practicada, cul-tivada con gran labor y esfuerzo— es inútil porque no trae simplicidad ni trae humildad. No traerá esa gran experien-cia de lo divino, que sólo ocurre cuando el ego ha desapareci-do. Vivirás una respetable vida de santo, pero serás tan pobre como cualquiera: podrido por dentro, llevando por dentro una existencia insignificante. No es vida, es sólo vegetar. Tus pecados serán pecados, tus virtudes también serán pecados. Tu inmoralidad será inmoralidad, tu moralidad también será inmoralidad.

Yo no enseño moralidad, y no enseño virtud porque sé que sin consciencia son sólo simulaciones, hipocresías. Te ha-cen falso. No te liberan, no pueden liberarte. Por el contra-rio, te aprisionan.

Sólo una cosa basta: la consciencia es la llave maestra. Abre todos los candados de la existencia. La consciencia significa vivir momento a momento, alerta, consciente de ti mismo y de todo lo que ocurre a tu alrededor, en una respuesta de mo-mento a momento. Eres como un espejo, reflejas. Y reflejas de modo tan total que cualquier acto que nazca de ese refle-jo es correcto porque encaja, es armonioso con la existencia. En realidad no surge de ti, tú no eres tu hacedor. Surge del contexto total: la situación, tú y todos están involucrados en él. De ese todo nace el acto: no es tu acto. No has decidido hacerlo así; no es tu decisión, no es tu pensamiento, no es tu carácter. No lo haces tú, sólo permites que ocurra.

Es como si al caminar muy temprano, cuando el sol aún no sale, te cruzas con una serpiente en el camino. No hay tiempo de pensar, sólo puedes tener un reflejo. No hay tiempo de decidir qué hacer y qué no hacer. ¡Saltas de *inmediato*! Recuerda la palabra «inmediato»: no se pierde un solo instante. De inmediato te apartas del camino. Más tarde te puedes sentar bajo un árbol y pensar en ello: qué ocurrió, cómo lo hiciste, y puedes palmearte la espalda porque lo hiciste bien. Pero en realidad no lo hiciste: ocurrió. Ocurrió por el contexto total. Tú, la serpiente, el peligro de muerte, el esfuerzo de la vida por protegerse… y mil y otras cosas participan en ello. La situación total causó el acto. Tú fuiste sólo un medio. Ahora bien, este acto encaja. Tú no eres su hacedor. En la forma religiosa podemos decir que Dios lo ha hecho a través de ti. Es sólo una forma religiosa de hablar, eso es todo. El todo ha actuado a través de la parte: eso es la virtud. Nunca te arrepentirás de ello.

Y éste es realmente un acto liberador. Una vez que ha ocurrido, ha terminado. De nuevo eres libre para actuar; no llevarás ese acto en tu cabeza. No se volverá parte de tu memoria psicológica; no dejará ninguna herida en ti. Fue tan espontáneo que no dejará huella.

Ese acto nunca se volverá un *karma*. Nunca te dejará una cicatriz. El acto que se vuelve karma es el acto que en realidad no es acto, sino una reacción que viene del pasado, de la memoria, de pensar. Tú eres el que decide, el que elige. No viene de la consciencia, sino de la inconsciencia. Entonces todo es pecado.

Para mí, estar alerta lo es todo. Yo te enseñaré a estar alerta.

En el momento en que te vuelves consciente, no sólo tu vida se transforma. De inmediato comienzas a funcionar en una nueva forma, comienzas a ayudar a otros a transformarse. Porque una vez que has visto la luz de la consciencia, una vez que has salido de la caverna de la mente inconsciente, te sorprenderá que todo lo que has conocido antes no era real: era sólo sombras de lo real. Has soñado con lo real. Y una vez que has visto la luz, te gustaría compartirla. Te gustaría regresar a la caverna y quitar las cadenas a otros prisioneros. Eso es lo que han hecho todos los grandes maestros a lo largo de las eras. Eso es lo que Prometeo hacía. Se liberó, salió de la caverna.

Al principio quedarás deslumbrado. Al principio sentirás dolor en los ojos: es el dolor del crecimiento. La primera vez que ocurre surge el deseo, un gran deseo, de volver a la oscuridad, porque te has acostumbrado a la oscuridad. Era reconfortante. Pero una vez que has visto un pedacito de la realidad, no puedes regresar; has cruzado el punto de no-retorno. Tendrás que vivir en la luz. Tendrás que aprender a absorber la luz, porque la realidad está tan llena de dicha. Y de la experiencia de lo real, la vida se vuelve religiosa. De la experiencia de lo real, no puedes actuar según los viejos moldes.

Sé por qué ha surgido la pregunta: porque has intentado no enojarte, lo has decidido muchas veces, pero aún ocurre. Has intentado no ser codicioso, pero una y otra vez caes en la trampa. Has intentado toda clase de cosas para cambiar, pero nada parece ocurrir. Sigues siendo el mismo. Y aquí estoy yo diciéndote que hay una llave simple: estar alerta. No puedes creerlo. ¿Cómo puede la consciencia, la sola consciencia, ayudar cuando ninguna otra cosa ha sido de ninguna ayuda? Las llaves siempre son pequeñas; no son cosas grandes. Una llave pequeña puede abrir un gran candado.

¿Por qué estar alerta funciona como una llave?

La persona que vive en un sueño está profundamente dormida, tiene una pesadilla, está siendo asesinada. Y, por supuesto, lucha, resiste, tiene mucho miedo, quiere que alguien la salve y no halla forma de escapar. Todo a su alrededor son enemigos con espadas desenvainadas. La muerte parece segura. Temblando, sudando, todavía con el dolor de la pesadilla, despierta. Todavía su respiración no es natural, todavía suda, tiembla, pero comienza a reír. No hay problema… el sueño ha desaparecido. Todos esos enemigos y las espadas desenvainadas eran falsos. No necesitó pedir que lo salvaran; no necesitó arreglar ninguna defensa. Todo era un mundo de sombras. Una vez que ha despertado, todo el sueño desaparece. Pero en el sueño ha intentado todas las formas posibles de protegerse, y lo ha encontrado imposible. Eso ocurre contigo, con todo el mundo.

La ira es una sombra. No puedes triunfar combatiendo contra una sombra. La codicia es una sombra. No son realidades; la realidad es lo que permanecerá una vez que la consciencia haya ocurrido. Y éste es el milagro: quienes han conocido la consciencia no han conocido nada de ira ni de codicia. Tampoco las han desechado, ¡simplemente no las encuentran! Una vez que la luz está allí, la oscuridad no está.

Se dice que Buda dijo que cuando se volvió un iluminado, en el primer momento, sonrió y dijo: «¡Esto es increíble!… ¿así que he estado iluminado desde el principio? ¿Y todas esas cadenas y esas prisiones fueron sólo sueños?».

Cuando la gente le preguntaba: «¿Qué debemos hacer para no enojarnos?» o «¿Qué debemos hacer para no ser codiciosos?» o «¿Qué debemos hacer para no estar tan obsesionados con el sexo o la comida?», su respuesta era siempre la misma: «Estén alerta. Traigan alerta a su vida».

Su discípulo, Ananda, al escuchar una y otra vez a toda clase de personas —diferentes problemas, pero la prescripción del médico sigue siendo la misma—, estaba perplejo. Le dijo: «¿Qué pasa contigo? Traen diferentes enfermedades: alguien trae codicia, alguien trae sexo, alguien comida y alguien otra cosa, ¡pero tu prescripción siempre es la misma!».

Buda dijo: «Sus enfermedades son diferentes sólo en cuanto las personas pueden tener diferentes sueños».

Ustedes están aquí. Si todas las dos mil personas que están en este auditorio se quedaran dormidas, tendrían dos mil sueños. Recuerden, no pueden invitar a nadie a compartir su sueño —es muy privado—, ni siquiera a sus esposas o maridos; nadie puede compartirlo. Así que dos mil personas tendrán dos mil sueños. Pero si ustedes vienen y me preguntan cómo librarse de este sueño, la medicina seguirá siendo la misma. Pueden llamarla despertar, pueden llamarla atestiguar, pueden llamarla recordar, pueden llamarla meditación: son nombres diferentes para la misma medicina.

Actúen más alerta.

> Había un hombre que viajaba a su casa en tren desde el trabajo. Poco después de su partida se había quedado dormido, arrullado por el movimiento del tren. En algún punto entre estaciones, el tren se detuvo de pronto ante una señal roja de emergencia.
>
> El hombre, despierto de pronto, creyó que el tren había llegado a su destino y, levantándose de prisa, ¡salió por la puerta y cayó a las vías! Todo sacudido y magullado, fue ayudado por los otros pasajeros a subir de nuevo.
>
> Luego de sacudirse el polvo, reacomodarse la corbata y limpiarse la sangre de la nariz, exclamó: «¡Qué tonto fui al salir por el otro lado!». Y entonces se bajó por la otra puerta, ¡justo cuando pasaba el expreso en sentido contrario!

El único problema del hombre es que está dormido… ¡con los ojos abiertos! Por eso no están conscientes de que no están conscientes. Tienen los ojos abiertos y están soñando: mil y un sueños, mil y un deseos. Ustedes no están aquí ahora: ese es el significado de no estar conscientes. Están en el pasado, en los recuerdos: eso es un sueño. O están en el futuro, en la imaginación: eso es un sueño.

¡Estén aquí, ahora!

Si el pasado está aquí, no están conscientes. Si el futuro está aquí, no están conscientes. Consciencia significa presencia en el presente. Estén aquí en este momento. Si un solo pensamiento pasa por su interior, no están conscientes. Estar en un proceso de pensamiento es estar dormido. No estar en un proceso de pensamiento es estar despierto.

Y esa pureza cristalina de estar aquí, de estar ahora... ¿cómo pueden cometer un pecado? En esa claridad, el ego desaparece... y es el ego el que ocasiona toda clase de problemas en la vida. El ego es violento. Y si uno trata de volverse humilde, uno puede volverse humilde, pero el ego seguirá escondido detrás de la humildad. Si uno no se vuelve consciente, el ego seguirá haciendo nuevas jugarretas. Las jugarretas cambiarán; puede uno moverse de una celda de prisión a otra —eso es todo, pero no saldrá de la prisión.

La única forma de salir de la prisión es estar alerta por completo. Al estar así de alerta uno se cristaliza, se vuelve centrado. Estar centrados nos lleva al corazón mismo de la realidad. Y esa experiencia es tan dichosa que no podemos seguir siendo ladrones, porque todo lo que necesitamos, todo lo que deseamos, está colmado. De hecho, nunca hemos pedido tanto como lo que se derrama sobre nosotros por su propio impulso. ¿Quién querría ser un ladrón? ¿Para qué?

¿Quién querría matar? ¿Para qué? No podemos siquiera imaginar matar porque ahora sabemos que nada se puede matar: todo es eterno. Es un esfuerzo inútil. No podemos matar nada. Cuando mucho podemos quitar el atuendo, pero el ser interno continúa. Una vez que hemos visto nuestro propio ser interior, a la luz de la consciencia hemos visto el ser de todo. Es la eternidad. La muerte es una falsedad. La muerte ocurre sólo en sueños, no en verdad, no en realidad.

¿Cómo podemos violar cuando somos conscientes? La consciencia lleva en su cauda tremendo amor, y una persona amorosa no puede violar. La violación sólo es posible cuando la persona no ha conocido nada del amor. Y recuerden, los violadores no son las únicas personas que violan: se puede ser un buen marido y una buena mujer, casados legalmente y todo, y tener una relación que no sea más que violación. Si se está inconsciente no se puede hacer otra cosa; la relación seguirá siendo la de un violador. Se puede violar en forma legal, autorizada, sancionada por la sociedad, pero no importa. Si la esposa hace el amor con uno porque es su deber hacer el amor con el marido siempre que él lo desee, hay violación. Si ella no está realmente en ello, es violación. Simplemente está cumpliendo los deberes de esposa. Si uno le hace el amor a su mujer y no está del todo presente en el momento, es violación. Esa mujer lo está violando a uno, y uno a ella. El amor sólo es amor cuando es meditativo. El amor sólo es amor cuando existe gran consciencia de ambas partes. Dos ahora se unen, dos aquí se unen, dos presencias se funden una en otra: entonces es amor, y entonces hay una cualidad espiritual en ello.

Pero hemos aprendido a vivir sin consciencia. Sabemos movernos sin consciencia; conocemos las puertas de nuestra casa, y las habitaciones, y nos hemos familiarizado con toda suerte de habilidades… Podemos ir en auto a la oficina y de vuelta, no hay necesidad de estar atentos. Podemos seguir haciendo mecánicamente estas cosas.

Todos los pecados surgen de esta mecanización. La vida se vuelve un infierno. El infierno simplemente significa no estar en el presente, y el paraíso significa estar en el presente.

Un joven granjero de Arkansas fue enviado por su padre a Nueva York a aprender el negocio funerario bajo la tutela del gran Frank E. Campbell.

Unos meses después, el padre visitó a su hijo en la gran ciudad.

—Dime —inquirió—, ¿has aprendido mucho?

—Oh, claro, papá —dijo el joven—. He aprendido mucho. Y ha sido muy interesante.

—¿Qué es lo más interesante que has aprendido?

El hijo lo pensó un momento y repuso:

—Bueno, tuvimos una experiencia loca que me dejó una lección.

—¿Cómo fue?

—Bueno, un día recibimos una llamada telefónica del hotel Taft. Parece que la ama de llaves revisó una habitación y descubrió que un hombre y una mujer murieron durante el sueño en la cama, desnudos por completo.

—¡Caramba! —exclamó el padre—. ¿Qué hizo el señor Campbell?

—Bueno, se puso su esmoquin e hizo que me pusiera el mío. Entonces nos llevaron en una de sus limusinas al hotel Taft. El gerente nos llevó a la recepción, donde el conserje nos dio el número de la habitación. Luego el gerente fue con nosotros en el elevador. Íbamos en silencio porque el señor Campbell cree que hay que hacer las cosas con gran dignidad.

—¡Maravilloso! ¿Y luego qué pasó?

—Bueno, llegamos a la habitación. El señor Campbell abrió la puerta con su bastón de punta de oro. El gerente, él y yo entramos en silencio. Y sí, allí en la cama estaba esa pareja desnuda, de espaldas.

—¿Y qué pasó?

—Bueno, el señor Campbell advirtió un problema inmediato. El hombre tenía una gran erección.

—¿Y entonces qué sucedió? —preguntó el padre.

—El señor Campbell, como siempre, hizo frente a la situación. Blandió su bastón de punta dorada y con mucha elegancia golpeó el pene.

—¿Y qué pasó después? —preguntó el padre.

—Bueno, papá, se armó el escándalo. ¡Nos habíamos equivocado de habitación!

Así es como siempre pasa. Estamos en la habitación equivocada. Y, hagamos lo que hagamos —bueno o malo, respetable o despreciable—, al final siempre es lo mismo porque estamos en la habitación equivocada, y en la habitación equivocada no se puede hacer nada correcto. Podemos convertirnos en santos en la habitación equivocada, pero seguiremos exactamente en la misma habitación que el pecador. Podemos volvernos muy morales. Podemos no ser ladrones o no ser violadores o asesinos, pero la habitación no es la correcta y cualquier cosa que seamos, no puede estar bien.

Hay que transformar todo el estado mental... y eso es lo que significa consciencia. Estás en el pasado, en el futuro; eso significa que estás en la mente. La mente es el nombre de la habitación equivocada. ¡Sal de la mente! Debes estar en el presente... y cuando estás en el presente, no eres parte de la mente. Entonces cada acto tiene tremenda claridad, porque estás en un espejo. Y no hay polvo en el espejo porque ningún pensamiento ocurre.

Eso es todo lo que enseño aquí: cómo estar atentos, cómo estar conscientes... cómo ser, y sin pensamientos. Y entonces la vida empieza a cambiar por sí misma. Yo no enseño no-violencia. La no violencia ha sido enseñada en India a través de las eras y la gente no es no-violenta en absoluto. Es difícil encontrar en otra parte gente más violenta que en India. Todos los días, en todas las formas posibles, la violencia hace erupción; cualquier excusa es buena: se incendian camiones y se asesinan personas y la policía tiene que abrir fuego. ¡Todos los días! No es noticia; si no es novedad, ¿cómo podría ser noticia? Puede uno estar seguro de que ocurrirá en alguna parte o en otra de este país.

Un amigo ha hecho una pregunta: ¿por qué en India hay tanta violencia pública? Es por las enseñanzas de no-violencia. Durante cinco mil años se ha enseñado a los pobladores a ser no-violentos; han aprendido el truco de simular. Y todo lo que ha ocurrido es que han reprimido su violencia. Están sentados sobre volcanes; cualquier excusa, cualquier pequeña excusa, y se desencadena la violencia. Y entonces se propaga como un incendio en el bosque.

Siempre que hay un enfrentamiento entre hindúes y musulmanes, podemos ver el verdadero rostro de la gente de este país: asesinos. Y apenas el día anterior los hindúes oraban en el templo y los musulmanes en la mezquita, y uno leía los Vedas y el otro el Corán, y tenían un aspecto tan piadoso. Que haya un enfrentamiento y toda esa piedad simplemente se evapora como si nunca hubiera estado ahí, y están dispuestos a matar, violar... ¡a hacer lo que sea! Esta violencia vuelve a hacer erupción una y otra vez en este país por esa enseñanza, una enseñanza equivocada, basada en la represión. Siempre que se reprime algo, volverá una y otra vez.

Yo enseño consciencia, no represión. Por eso no hablo de la no-violencia. Yo no digo: «No sean violentos». Yo sólo digo: «¡Estén alertas, sean conscientes!». Hagan lo que hagan, háganlo con tal cuidado, de manera tan meditativa, que estén en ello de modo absoluto, en ello, involucrados; que no sólo estén haciendo gestos vacíos. Su presencia está allí... y esa sola presencia produce un cambio alquímico. Nunca reprimirán, nunca estarán sentados en un volcán. Y mientras más atentos se vuelvan, más de su vida se acercará al silencio, a la paz, al amor. Son productos de la consciencia.

¿Nada o nadie necesita corrección? Estoy confundido.

Nadie necesita corrección. ¿Y quién va a corregir? En el momento en que se dice que alguien necesita corrección, tarde o temprano alguien necesitará dominarlo, manipularlo, convertirlo en esclavo. Por eso los líderes en todas las épocas han clamado y gritado desde las azoteas que se necesita corregir todo, que todo necesita cambiar, mejorar. Si no se necesita corregir nada, ya no habrá líderes. Ellos viven de la idea de que hay que mejorar las cosas, de que hay que hacer revoluciones; entonces son grandes líderes.

Y nada mejora nunca, nada puede mejorar nunca. Uno puede estar bien dormido o despierto. Y el despertar no es una corrección, recuerden. No es *corregir* el sueño. Corregir el sueño significa inyectar unos cuantos tranquilizantes más para que se pueda dormir mejor. Eso es la corrección. Nuevas almohadas, más cómodas; una nueva cama, más conveniente; un mejor dormitorio… esas son correcciones para que uno permanezca dormido de mejor manera, para que uno pueda permanecer en coma.

El sueño no necesita corrección. El despertar no es una corrección al sueño, es sencillamente dejar el sueño. Es moverse hacia otro tipo de realidad, tener una relación por completo diferente con la existencia.

Los moralistas, políticos, sacerdotes y puritanos están siempre detrás de nosotros, exhortándonos a la corrección. Todo necesita corregirse; toda persona necesita corrección; ése es su poder. Por eso el mundo está dominado por los políticos. Siempre encuentran lo que tiene que corregirse, y siempre nos engañan con que ahora se puede corregir. Pero sólo hay un camino: que ellos estén en el poder; sólo entonces la corrección se puede hacer.

Primero nos convencen de que se necesita corrección; luego, naturalmente, cuando uno se convence, la corrección se necesita. ¿Y por qué nos convencemos? Porque estamos sufriendo: sufrimos por el sueño, no por la inmoralidad; sufrimos no por el pecado, sino porque estamos inconscientes. Vienen y dicen: «Por eso sufres. Una mejor moralidad, un mejor código de conducta, un mejor comportamiento, un mejor carácter, y tu sufrimiento desaparecerá».

Entonces intentamos corregirnos, y no podemos: necesitamos ayuda, necesitamos un sacerdote, un guía que nos dirija. ¡Necesitamos un líder! Primero nos convencen de que se necesita corrección, y luego naturalmente entran por la puerta trasera con toda la parafernalia para corregirnos. Nos volvemos esclavos. Ése ha sido el truco a lo largo de las eras. La gente ha sido dominada; ha sido reducida a objeto. Ha sido condenada, o ha sido elogiada, pero al mismo tiempo ha sido dominada, sea mediante la condena o el elogio.

Esa es la gran conspiración. Me gustaría decirlo de una vez por todas: no hay necesidad de ninguna corrección. No hay nada que mejorar en ustedes. Entonces, ¿qué se necesita? Se necesita un despertar, no corrección. No una mejor moralidad, no una mejor conducta ética; no: sólo consciencia. Y con consciencia, la moralidad llega por sí sola.

En el sueño profundo, en la inconsciencia, ¿cómo podemos corregirnos? Cuando mucho podemos tener sueños un poco mejores. Tal vez no en blanco y negro, sino en Technicolor, psicodélicos. Pero si estamos dormidos sólo podemos tener mejores sueños. Dormidos, no podemos tener realidad.

He escuchado:

> Era una noche oscura y nublada. El borracho llegó dando traspiés al cementerio y tropezó en una fosa que habían cavado en preparación a un entierro para el día siguiente. El borracho hipó y se quedó dormido.
>
> Media hora después, otro borracho llegó tambaleándose al cementerio. Cantaba a voz en cuello y su voz aguardentosa despertó al que dormía en la fosa, el cual empezó a gritar que tenía frío.
>
> El beodo que cantaba se acercó al borde de la fosa y contempló con ojos vidriosos al que se quejaba.
>
> —No es raro que tengas frío —le gritó—. ¡Te has quitado toda la tierra de encima!

Eso es lo que ha ocurrido. Ustedes están dormidos, sus líderes están dormidos; ustedes están dormidos, sus sacerdotes están dormidos. ¡El problema no es que el hombre se haya quitado la tierra de encima! Y si el otro borracho empieza a ayudar, ¿qué creen que hará? Volverá a cubrirlo de tierra... «¡No es raro que tenga frío!».

Sólo necesitamos una cosa. Hay millones de correcciones y nunca serán suficientes. Pone uno algo correctamente en un rincón, y algo más estará mal en otro rincón porque el sueño mantiene cierto equilibrio. ¿No han observado? Uno deja de fumar y empieza a mascar chicle. Uno deja de hacer algo y tiene que empezar otra cosa. ¡Y es el mismo juego de siempre! Uno sigue cambiando cosas, pero sigue igual. Hay millones de correcciones, no tienen fin. Puede uno corregir y corregir y nunca estará bien, nunca estará en lo correcto. Puede enmendar todos los yerros, y encontrará que sigue mal porque en lo profundo sigue inconsciente, no sabe quién es.

El primer y único paso que conozco es saber quiénes somos, estar alertas por completo.

Timothy estaba de vacaciones en Irlanda y se hospedó en una pequeña posada en la campiña. Cierta tarde, en el bar, le sorprendió oír la siguiente conversación:

—Qué bonito sombrero ése que traes —dijo un anciano a un joven de pie junto a él en la barra—. ¿Dónde lo compraste?

—En O'Gradys —respondió el joven.

—¡Vaya, yo he ido allí! —comentó el anciano—. ¿Eres de estos rumbos, entonces?

—¡Sí, de Murphy Street!

—¡Increíble! —exclamó el anciano—. ¡Yo vivo allí también!

—Qué asombroso —comentó Timothy al cantinero—, que estas dos personas vengan de la misma calle y apenas se estén conociendo.

—No lo crea —dijo el cantinero—. En realidad son padre e hijo, pero siempre están demasiado bebidos para reconocerse.

No se necesita corrección, sólo estar alerta. Volverse más alerta. No se necesita carácter, porque todo carácter es falso si no se tiene consciencia, y todo carácter es una cadena si no se es consciente. Y todo carácter no es más que esclavitud: no produce libertad. Toda moralidad es hipocresía si no estamos alertas, si no somos conscientes.

Así, para mí, la religión sólo significa una cosa: ser más consciente, vivir con más consciencia.

Tú preguntas: «¿Nada necesita corrección? Eso me confunde».

Ha confundido a todos en todas las épocas. Olvídate de la corrección. Pon toda tu energía en el despertar. Hay dos maneras de ser: consciente o inconsciente. Escoge.

4

SER ENTERO ES SER SAGRADO

La vida no es estática. No es como la roca; es como el río: corre, fluye. Si me entienden, estoy aquí para hacer que toda su vida sea sagrada. Así que, hagan lo que hagan, disfrútenlo por completo y no creen una dicotomía. La dicotomía es de la mente; uno la crea. Y no se vuelvan un hombre sagrado; de otro modo se perderán el ser entero y nunca serán sagrados. Manténganse capaces de ser no sagrados también. Entonces lo sagrado y lo no sagrado se vuelven sus dos riberas, y entre las dos fluye el río que no pertenece a ninguna, que siempre trasciende.

Antes de que los judíos, los árabes y otras tribus trajeran a Occidente a su Dios racialmente exclusivo y celoso, Toamy, Baco, Mitros y Apolo eran los dioses que todos veneraban. Diana tenía su arco y su flecha, Tor estaba en el norte, la Diosa Madre era reverenciada en Occidente. Y luego la muerte y la resurrección se volvieron la religión de Occidente. Se enseñaron la culpa y el pecado. ¿Por qué Adán es un pecador? ¿Por qué no es como Teseo, Jasón o Hermes? ¿Es el concepto del pecado sólo un truco para hacer meditar a la gente?

Yo soy pagano. Para mí no hay Dios excepto esta existencia. Dios es intrínseco a la vida; no está fuera de la vida. Vivir esta vida por completo es vivir una vida divina. Ser parcial es ser irreligioso; ser total y completo es ser sagrado.

El que pregunta inquiere sobre el pasado. En el pasado, en todo el mundo, la gente era pagana, simples adoradores de la naturaleza. No había concepto del pecado; no había concepto de culpa. La vida se aceptaba como es. No había evaluación ni interpretación: la razón aún no interfería. En el momento en que la razón empieza a interferir, llega la condena. Cuando entra la razón, comienza la división, y el hombre se vuelve esquizofrénico. Entonces empezamos a condenar algo dentro de nuestro ser: una parte se vuelve más elevada, otra se vuelve más baja, y perdemos el equilibrio.

Pero esto tenía que ocurrir. La razón tenía que llegar; es parte del crecimiento. Como ocurre a todo niño, tenía que ocurrir a toda la humanidad también. Cuando el niño nace es pagano; cada niño nace pagano. Es feliz como es. No tiene idea de lo que es correcto e incorrecto; no tiene ideales. No tiene criterio, no tiene juicio. Si tiene hambre, pide de comer. Si tiene sueño, se queda dormido. Es lo que los maestros zen dicen que es la máxima religiosidad: cuando hay hambre, comer; cuando hay sueño, dormir. Dejar que la vida fluya; no interferir.

Cada niño nace pagano, pero tarde o temprano perderá esa simplicidad. Eso es parte de la vida, tiene que ocurrir, es parte de nuestro crecimiento, de nuestra madurez, de nuestro destino. El niño tiene que perderla y encontrarla de nuevo. Cuando la pierde se convierte la persona ordinaria, mundana. Cuando la recupera se vuelve religioso.

La inocencia del niño es muy barata; es un don de la existencia. No se la ha ganado; tendrá que perderla. Sólo al perderla se dará cuenta de lo que ha perdido. Entonces empezará a buscarla. Y sólo cuando la busque y la gane, la logre, se convierta en ella: sólo entonces conocerá la tremenda preciosidad de ella.

Hay un relato sufí:

Un hombre, un buscador, llegó con un místico sufí y le dijo:

—Busco a mi maestro, señor, he escuchado que eres un hombre sabio. ¿Puedes decirme las características de un maestro? ¿Cómo voy a juzgar? Incluso si encuentro a mi maestro, ¿cómo voy a concluir que es mi maestro? Soy un hombre ciego; soy un ignorante, no sé nada de ello. Y se dice que sin hallar a un maestro, nadie puede hallar a Dios. Así que estoy en busca de un maestro. Ayúdame.

El maestro sufí le dijo algunas cosas: éstas son las características. Encontrarás al maestro de tal y tal manera, con tal conducta, y estará sentado bajo un árbol. Tendrá una túnica tal, y sus ojos serán así.

El hombre dio las gracias al viejo místico y continuó su búsqueda. Pasaron treinta años, y el hombre recorrió casi todo el mundo, pero no pudo encontrar a quien era su maestro según la evaluación del anciano. Cansado, exhausto, frustrado, regresó a su tierra natal y vio al anciano. Éste había envejecido mucho, pero en el momento en que se le acercó —el anciano estaba sentado bajo el mismo árbol—, vio de pronto que era el árbol del que el místico había hablado. Y ésa era la túnica que había descrito, y esos los ojos, y ese el silencio que el místico sufí había anunciado. Ésa era la bendición que sentiría en presencia del maestro. Sintió un gran regocijo.

Pero en su mente surgió una gran pregunta. Se inclinó, tocó los pies del místico y dijo:

—Antes de que sea tu discípulo, dime ¿por qué me torturaste estos treinta años? ¿Por qué no me dijiste entonces «yo soy tu maestro»?

El anciano se echó a reír y respondió:

—Te dije: «Está sentado bajo un árbol tal y tal», ¡y es este árbol bajo el que estoy sentado! Y te dije: «Ésa será la túnica que vista», ¡y yo tenía puesta esta misma túnica! Yo era el mismo entonces, pero no estabas atento. No pudiste verme; necesitabas esos viajes de un confín a otro del mundo; necesitabas todo ese esfuerzo para reconocerme. Yo estaba aquí; tú no estabas aquí. Ahora tú también estas aquí y puedes verme. Y yo tuve que esperarte. No es sólo una pregunta para ti, que has estado viajando. Piensa en mí: soy muy viejo, y ni siquiera podía morir antes de que volvieras. Y no he cambiado mi túnica, por si acaso volvías a errar. ¡Durante treinta años no me he apartado una sola vez de este árbol! Pero has venido. El viaje ha sido demasiado largo… pero ésa es la forma en que uno descubre.

Dios siempre está aquí, pero nosotros no estamos aquí. Un niño tiene que perder el camino, tiene que emprender una peregrinación de treinta años. Cada niño tiene que perder el camino, tiene que descarriarse. Sólo descarriándose, sólo sufriendo alcanzará ojos, claridad, transparencia. Sólo al ir tras mil y una cosas comenzará a buscar la verdadera.

Hay que buscar lo irreal. Lo irreal es atractivo, es magnético. ¿Y cómo podemos conocer lo real si no hemos conocido lo irreal? El niño conoce a Dios, pero no ha conocido el mundo, así que no puede definir a Dios. Cada niño viene como un santo, pero tiene que convertirse en pecador, y luego llega la segunda infancia. Si uno no llega a la segunda infancia, ha perdido su vida.

Así que no pienses y no te preocupes de que la hayas perdido. Todo el mundo la ha perdido; eso no debe ser problema. El problema es sólo si uno sigue caminando y nunca vuelve. Si este hombre sigue caminando… treinta años, treinta vidas, trescientas vidas, tres mil vidas… y sigue, y nunca regresa, nunca alcanza la segunda infancia, entonces algo ha salido de veras mal.

Errar… errar es humano, ésa es la forma de aprender. Descarriarse: ésa es la forma de volver a casa. Olvidar a Dios para poder recordarlo. Escapar de Dios para que un día la sed se vuelva fuego en ti y tengas que volver a Dios de nuevo… Como un hambriento, como un sediento.

Esto tuvo que ocurrir a la humanidad también. Ahora habrá de nuevo una gran reafirmación del paganismo en el mundo: la segunda infancia. Por eso el zen se ha vuelto tan importante, tan significativo; el «tantra» se ha vuelto una palabra de gran significado. El sufismo, el misticismo judío, son más importantes ahora que el cristianismo, el islam, el hinduismo, el budismo, el jainismo… ¿por qué? ¿Por qué el tantra? ¿Por qué el tao? ¿Por qué el zen? ¿Por qué el sufí? Éstas son las actitudes paganas… las que crean la segunda infancia.

El mundo se está alistando; la humanidad se vuelve cada vez más madura. Ésta era es la era de la juventud de la humanidad. Ya no es la infancia; la hemos perdido, nos hemos vuelto corruptos. Pero no se preocupen por ello; así es como uno alcanza la inocencia de nuevo. Y la segunda infancia es mucho más valiosa que la primera, porque la segunda no se puede perder. La primera se tiene que perder, está destinada a perderse; ningún niño, ni siquiera un Buda Gautama, puede retenerla. Ningún niño puede retenerla; está en la naturaleza de las cosas. Cuando algo nos es dado, y no lo buscamos, y ni siquiera lo pedimos, no estamos listos siquiera para recibirlo.

Si le damos a un niño un diamante, un diamante como el Koh-i-Noor, jugará con él un poco y luego lo arrojará. No sabe lo que es. El Koh-i-Noor es el Koh-i-Noor, lo sepamos o no. El Koh-i-Noor es el Koh-i-Noor: saber no implica diferencia. Pero el niño lo arrojará; se hastiará tarde o temprano… no es más que una piedra, ¿cuánto tiempo se puede jugar con ella? Aun si es muy colorida y brillante… ¿cuánto tiempo? Para que el Koh-i-Noor vuelva a nuestra vida, necesitaremos tener sed de él. Necesitaremos sentir que nos hace una gran falta… que algo falta dentro de nuestro ser. Necesitaremos un gran deseo. Todos los deseos deben volverse deseos menores, y Dios se vuelve el deseo supremo, el deseo mayor. Dios siempre está aquí.

Ocurre a los niños, ocurre a las sociedades, ocurre a las civilizaciones, ocurre a la humanidad en conjunto también. Así pues, no se preocupen por el cristianismo... eso fue parte del viaje. El cristianismo, o esos tipos de religión, son las religiones entre esas dos infancias, la primera y la segunda. Condenan, le gritan a uno que se ha descarriado: «¡Regresa!». Tiran de uno, lo hacen temer. Le hacen grandes provocaciones, le dicen que si regresa le darán grandes premios, recompensas en el cielo. Si no vuelve, será arrojado al infierno. El fuego del infierno lo aguarda; por toda la eternidad estará en el infierno, sufriendo.

Eso es el miedo: crear temor en la gente para que regrese. Pero, por miedo, aun si uno regresa, nunca llega. El miedo jamás puede convertirse en amor. El miedo no puede ser reducido a amor, no puede ser convertido en amor. El miedo sigue siendo miedo, y del miedo surge el odio. Por eso el cristianismo ha creado un gran odio contra la religión. Friedrich Nietzsche es producto del cristianismo; si Nietzsche dice que Dios ha muerto, es sólo una reacción al cristianismo. Demasiado énfasis en Dios, en el cielo y el infierno; alguien tiene que decirlo. Yo estoy totalmente a favor de Nietzsche; alguien tenía que decir: «Basta ya. ¡Basta de tonterías! Dios está muerto y el hombre es libre», porque el hombre se siente atado si se crea el miedo.

¿Y la codicia? La codicia también es una atadura. Basta con ver: el cielo, el paraíso, el *firdaus*, la idea de ello... ¿qué es? Es codicia, lujuria. Está en el *firdaus* musulmán, en el paraíso; al parecer allí los santos no hacen nada más que copular. Hay mujeres hermosas al alcance y fluyen ríos de vino, y todo lo que uno necesita está al alcance de inmediato. Y todas esas mujeres hermosas permanecen en dieciséis años; nunca crecen. Y algo hermoso acerca de ellas: vuelven a ser vírgenes. Siempre que un santo hace el amor a una mujer —sólo los santos van allá—, en el momento en que termina, ella vuelve a ser virgen. Ese es el milagro del paraíso. ¿Y qué hacen los santos allá? Al parecer es una orgía, una orgía sexual. Y ríos de vino... Aquí decimos: «Evita el vino, evita las mujeres...», ¿para qué? ¿Para tener mejores mujeres y mejor vino en el paraíso? Parece ilógico.

Pero así es como se provoca a la gente, por medio de la codicia, para que vuelva al redil. O del miedo: si no viene por codicia, entonces por miedo: el fuego del infierno, ¡y es fuego eterno! Uno no ha pecado tanto, el fuego eterno es injusto. Bueno, si uno es arrojado diez años al infierno, se puede entender: veinte años, cincuenta. ¿Pero eterno? No se ha pecado eternamente aquí, ¿cómo puede recibir un castigo eterno? ¡Es demasiado!

Pero no se trata de eso; se trata sólo de infundir temor a la gente. El temor y la codicia han sido la base de muchas religiones. Y no han sido útiles; han destruido. No han atraído a los valientes; sólo han atraído a los cobardes... y cuando una persona cobarde se vuelve religiosa, la religión es falsa. Una persona cobarde no puede volverse religiosa; sólo una persona valiente puede serlo: la religión necesita mucho valor. Es un salto hacia lo desconocido. Es un salto hacia un mar ignoto, del que no hay mapas. Es desechar el pasado y moverse hacia el futuro, es ir hacia la inseguridad. No puede hacerse a partir de la cobardía.

En sus templos y sus mezquitas, en sus iglesias, los cobardes se han congregado. Tiemblan de miedo. Y están llenos de codicia: flotan en codicia, inflamados de codicia, ansiosos de codicia. Esas personas codiciosas y cobardes no pueden ser religiosas. La base de la religión es desechar todo temor y toda codicia, y moverse hacia lo desconocido. Dios es lo desconocido, lo oculto. Está escondido aquí... en los árboles, en las rocas, en ti, en mí. Pero para entrar en esa realidad, en esa realidad oculta, uno necesita gran valor... es entrar en la noche oscura sin ninguna luz.

Un maestro zen decía adiós a uno de sus discípulos, y la noche era muy oscura. El discípulo tenía un poco de miedo, porque tenía que atravesar por lo menos quince kilómetros de jungla. Había animales salvajes y era noche cerrada, sin luna. Se hacía tarde, casi media noche había transcurrido; se había olvidado del tiempo por hablar con su maestro.

Al ver que temía un poco, el maestro le dijo:

—Pareces un poco temeroso, así que te daré una lámpara. —le puso en la mano una pequeña lámpara de papel y la encendió. El discípulo le agradeció, bajó los escalones, y el maestro lo llamó diciendo:

—¡Detente! —entonces el maestro se acercó y apagó la llama y comentó—: Un verdadero maestro infunde valor; no ayuda a la cobardía. Entra en la oscuridad; sé tu propia luz. Sé una llama para tu propio ser. Entra en la oscuridad, ten valor.

Dice que un verdadero maestro nunca ayuda a la cobardía. En un pequeño acto, soplando una vela, el maestro da un gran mensaje: la religión es sólo para los valientes.

Los que siguieron a Jesús eran personas valientes. No eran muchos, eran muy pocos; uno podía contarlos con los dedos de la mano. Los que siguieron a Buda eran valientes. Los cristianos no son valientes; los budistas no son valientes.

Los que están conmigo son personas valientes. Una vez que me vaya, tal vez sus hijos y los hijos de sus hijos me mostrarán respeto, pero no serán valientes. La religión existe sólo cuando hay un maestro vivo que la viva para ustedes. Cuando el maestro se va, la religión perece.

Los cobardes se congregan en torno a una religión muerta; entonces no hay temor. Veneran la escritura, veneran la palabra, veneran la estatua… puras cosas muertas. Pero siempre que hay un Jesús, o un Buda, o un Mahoma; esas mismas personas tienen mucho miedo. Encuentran mil y una formas de escapar; encuentran mil y una formas de racionalizar su huida. Condenan al verdadero maestro… ¿por qué? El verdadero maestro no apoya la cobardía. No les da más ambición —ya tienen demasiada— y no les infunde temor. Todo su esfuerzo estará en arrancarles el temor y la codicia, para que sean capaces de vivir su vida en plenitud.

El cristianismo y las religiones semejantes tienen que ocurrir. Hay que perdonarlas; no se enojen con ellas. Pero ahora también tienen que irse; el mundo ya no las necesita. Se están tambaleando, dispersando, pereciendo. De hecho, están muertas. Pero la gente está tan ciega que le lleva mucho tiempo ver que su iglesia o su templo están muertos. Es tan inconsciente que no puede entenderlo de inmediato. El cristianismo está muerto, el hinduismo está muerto, el islam está muerto. En el islam sólo una pequeña cosa vive, aún hay una llama, y es el sufismo. En el cristianismo, sólo unos cuantos místicos están vivos aún. Fuera de eso la Iglesia y el papa y el Vaticano son sólo cementerios, tumbas.

En el hinduismo, unos cuantos místicos están vivos —un Krishnamurti, en alguna parte un Raman Maharshi—, pero muy pocos en medio. Fuera de eso, los *shankaracharyas* son personas muertas. Pero nadie acude a un maestro vivo. En el budismo sólo el zen está vivo. En el judaísmo, sólo la secta mística del hasidismo está viva. La religión organizada no es la verdadera religión. Los desorganizados, los rebeldes, los no ortodoxos, la religión herética es la verdadera religión... siempre ha sido así. La religión viene siempre como una rebelión; su espíritu es el de la rebeldía. Los días del cristianismo, del hinduismo y del islam quedaron atrás. En el futuro, una forma totalmente distinta de religión, un clima del todo diferente, rodeará la Tierra. Las religiones desaparecerán; sólo habrá una especie de religiosidad. La gente encontrará su propia religión de manera individual; sus propias plegarias, su propia forma de orar. No hay necesidad de seguir la idea prescrita de nadie; ésa no es la senda, no es el camino de los valientes. Ése es el camino del cobarde.

Y Dios está al alcance: uno sólo tiene que ser valiente para mirarlo a los ojos.

Dices: «... y entonces la muerte y la resurrección se convirtieron en la religión de Occidente". Es cierto. El cristianismo nunca se interesó en Cristo; más bien se interesó en la cruz. No ha reverenciado a Cristo; ha reverenciado la cruz. La cruz es un símbolo de muerte. ¿Por qué? Porque la muerte es el miedo básico. Poner a las personas en alerta sobre la muerte les infunde miedo. Si uno hace que una persona tenga muy presente a la muerte, con toda probabilidad empezará a temblar. Y cuando una persona tiembla, uno puede victimizarla con facilidad; puede convertirla en cualquier tontería. Está dispuesta a creer en lo que sea; si uno le promete la inmortalidad, está dispuesta. Por eso los seguidores del cristianismo dicen: «Quienes están en la iglesia serán salvados, y quienes no están en la iglesia, no les garantizamos nada. Están condenados; no pueden ser salvados». Y eso es lo que todas las otras religiones dicen. Eso es crear miedo. Poner la muerte en la mente de las personas, infundirles miedo... ¿quién no tiene miedo a la muerte? Una persona con miedo es proclive a ser convertida en esclava con mucha facilidad.

¿Y para qué la resurrección? La muerte y la resurrección se vuelven el fundamento del cristianismo en Occidente. La muerte nos da temor, y la promesa de resurrección nos da codicia. Si uno muere dentro de la Iglesia, resucitará. Resucitará como un ser divino, con todo lo que siempre quiso, con todo lo que siempre necesitó: hermoso, con un cuerpo dorado, con un aura alrededor, así resucitará.

Éstos son trucos de miedo/codicia, castigo/recompensa. Eso es lo que B. F. Skinner hace con sus ratas: les infunde miedo y luego comienzan a hacer trucos. Eso es lo que se ve en un circo: infundir miedo al elefante, una criatura tan poderosa y sabia, pero al infundirle miedo comenzará a hacer tonterías para uno. Se sentará en un taburete, se inclinará ante un hombre... podría matar a ese hombre en un segundo. Hasta los leones tiemblan al ver el látigo; basta con hacerles sentir miedo, eso es todo. Hasta los leones se pueden domar, y los elefantes pueden ser adiestrados y disciplinados. Crear miedo y recompensa: si el elefante nos sigue, darle buena comida; si no nos sigue, dejarlo sin comer. Una técnica simple.

Eso es lo que las llamadas religiones han hecho al hombre. La culpa y el pecado se le enseñaron. Naturalmente, si uno quiere que la gente tema —y ése es el único modo de explotarla—, hay que enseñarle que todo es pecado, que todo lo que disfruta es pecado. La muerte crea temor, pero la muerte es lejana. Después de cincuenta o setenta años uno morirá... ¿por qué molestarse? «¿Setenta años? Ya veremos. En este momento no estamos muriendo». Tal vez los ancianos se asusten. Por eso encontramos más personas viejas en las iglesias, los templos. Ancianas, ancianos, más mujeres que hombres, porque tienen más miedo. Viejas, moribundas, cerca del borde, así que saben que algo tienen que hacer. La vida se va, se desvanece; tienen que arreglar algo para el futuro.

¿Ven ustedes personas jóvenes en sus iglesias, en sus templos? Y recuerden, siempre que vean personas jóvenes, la religión está viva. Una persona joven, si se interesa en la religión, su religión no puede ser la del miedo y la de la muerte. Su religión será de vida.

Muchas veces la gente se me acerca y dice: «¿Por qué tantos jóvenes se acercan a ti?». Vienen porque yo enseño la religión de la vida, del amor, de la alegría. No creo ninguna culpa y no condiciono sus mentes con que «Esto es pecado, aquello es pecado». Hay errores, pero no pecado. Errores, sin duda, pero un error es un error. Si uno resuelve un problema matemático y resuelve que dos y dos son cinco, ¿es pecado? Es sólo un error; puede corregirse. No hay necesidad de arrojarlo para siempre en el infierno porque contó dos más dos como cinco. Es un simple error, perdonable.

Todo eso que llamamos pecados no son más que errores. Y los errores son la forma de aprender. Las personas que nunca cometen errores son las más tontas, porque nunca crecen. Yo les enseño: sigan cometiendo errores, nunca tengan miedo. Sólo recuerden una cosa: no cometan el mismo error una y otra vez, pero eso es insensato. Tengan inventiva, cometan nuevos errores cada día; entonces aprenderán. No cometan el mismo error cada día, porque eso es tonto. Ya lo cometieron una vez, ya supieron que es un error: ya se enojaron, y vieron lo que es el enojo; ahora, enojarse de nuevo es tonto. Lo han visto, no tiene sentido. Es destructivo: destruye al otro, lo destruye a uno. Y no produce nada; ninguna flor florece en uno.

Con la ira te vuelves menos, no más. Ama, sé amable, y de pronto fluyes más, eres más grande, más alto; comienzas a flotar, pesas menos. Entonces, aprende: cuando amas, cuando eres amoroso, puedes volar, te crecen alas. Cuando odias, cuando estás enojado, te vuelves como una roca. Entonces la gravedad pesa demasiado en ti, te vuelves pesado.

¿No puedes verlo? Es simple: igual que dos más dos son cuatro. La vida es aprendizaje, es una escuela. Por eso hemos sido enviados aquí, ése es el propósito: no para castigarnos. Me gustaría cambiar toda tu idea al respecto. Te han enseñado que fuiste enviado aquí para castigarte: eso es absolutamente incorrecto. Fuiste enviado aquí para aprender.

¿Por qué Dios tendría que ser semejante torturador? ¿Es un sádico o algo así, que disfruta de torturar a las personas? Y si, como dicen, fuiste enviado aquí para ser castigado, ¿por qué te enviaron la primera vez? Debió de haber una primera vida; antes de eso, no habías cometido nada porque, ¿cómo pudiste haber cometido pecados si no habías venido? No podías haber cometido ningún pecado; entonces, ¿por qué te enviaron aquí la primera vez?

No tienen respuesta. No la tienen los jainas; no la tienen los hindúes, ni los musulmanes; ninguno tiene la respuesta. ¿Por qué el hombre ha sido enviado? Quizás esta vez has sido enviado porque en tu vida pasada cometiste pecados. Bien, pero, ¿y en tu primera vida? Y si esta es tu primera vida, como dicen los cristianos, ¿entonces por qué te enviaron aquí? Ahora bien, ellos tienen una idea muy absurda: porque Adán cometió pecado. Tú no tienes nada que ver con Adán; eso es simplemente absurdo. Alguien a quien no conoces, sea que haya existido o no, cometió pecado y toda la humanidad sufre por ello. Tu padre cometió pecado y tú fuiste enviado a prisión. Y Adán ni siquiera es tu padre; ni siquiera el padre de tu padre… es el primer hombre. Y lo que hizo no parece haber sido un pecado en absoluto. Parece simple valor, simple rebeldía. Todo niño necesita esa fuerza de voluntad.

Dios dijo a Adán: «No comas del fruto de ese árbol. Ese árbol es el árbol del conocimiento». Y Adán comió del fruto. Creo que cualquiera que tuviese un poco de alma habría hecho lo mismo. Si Adán hubiera estado muerto y tieso, habría obedecido. Debió haberse sentido desafiado; de hecho, ése es el propósito. De otro modo, en la tierra hay millones y millones de árboles; sólo pensemos, si Dios no hubiera señalado ese árbol en particular, es imposible que Adán lo hubiera hallado. Ése era un solo árbol en el jardín de Dios, y el jardín es infinito. Era un solo árbol, del que Dios dijo particularmente: «No comas de él; si comes el fruto del conocimiento, serás expulsado».

Lo que yo entiendo es que Dios está poniendo un desafío a Adán. Trataba de ver si estaba vivo o muerto. Trataba de ver si era capaz de desobedecer, si diría que no: trataba de ver si Adán no era simplemente un hombre servil. Y Adán demostró su valía: comió el fruto. Estaba listo para ser arrojado al mundo, pero mostró espíritu. No es pecado: es simple valor.

Todo niño tiene que desobedecer a su padre un día u otro; todo niño tiene que desobedecer a su madre un día u otro. De hecho, el día que desobedecemos empezamos a ser maduros, nunca antes. Así, sólo los niños tontos nunca desobedecen. Los niños inteligentes sin duda desobedecen; los niños inteligentes encuentran mil y una formas de desobedecer a sus padres. Pueden mirar alrededor: siempre hallarán al niño inteligente desobedeciendo. Porque tiene que desarrollar su alma: si sigue obedeciendo, obedeciendo, ¿cuándo crecerá? ¿Cómo crecerá? Seguirá tieso y vacío. No tendrá un alma propia, no tendrá una individualidad.

No, Adán no cometió ningún pecado; Adán es el primer santo. Desobedeció a Dios, y Dios así lo quería. Eso era exactamente lo que Dios quería, que Adán desobedeciera. Al desobedecer, Adán irá lejos en el mundo; perderá su primera infancia. Luego sufrirá muchos, muchos errores, y de esos errores aprenderá. Y un día regresará: como Cristo, como Buda, como Mahavira, como Krishna: volverá. La partida es necesaria para regresar. Eso no va contra Dios; eso es precisamente lo que Dios quería que ocurriera. Fue planeado absolutamente por Dios mismo.

Así pues, no lo llamen pecado. ¿Por qué se llama pecador a Adán? Lo llaman pecador porque las religiones dependen de llamar pecadores a las personas, de condenarlas. Mientras más las condenan, más se inclinan ellas a sus pies. Mientras más las condenan, más se arrastran ellas por la tierra y suplican. Mientras más las condenan, más temerosas se vuelven. Mientras más temen, más necesitan mediadores.

Ustedes no saben dónde está Dios. Su sacerdote lo sabe, su papa lo sabe; él tiene línea directa con Dios. Sólo si él interfiere con su conducta pueden ser salvados; de otro modo toda su vida es pecado. Sólo si el sacerdote convence a Dios en su nombre, pueden ser salvados. Ése es todo el truco; el truco es el sacerdote. El sacerdote no es en realidad un hombre religioso, es un negociante: hace negocios en nombre de la religión, la explota.

La más fea profesión del mundo no es la prostitución; la peor profesión es la de los sacerdotes.

«¿Por qué no es como Teseo, Jasón o Hermes?». Sí es. «¿Es el concepto del pecado sólo un truco para hacer meditar a la gente?». Sí, es un truco, pero no para hacerla meditar: es para esclavizarla. La meditación es algo por completo diferente. La meditación nunca viene del miedo; viene del entendimiento. La meditación viene del amor, de la compasión. Viene de vivir la vida en todos los climas, en todas las estaciones. Mirar cada hecho a profundidad, entenderlo, y si carece de sentido, desecharlo; si tiene sentido, elegirlo. A la larga, uno continúa recogiendo lo esencial y descartando lo no esencial. Los dos están allí. La paja y el trigo, los dos están allí. Las rosas y la maleza, las dos están allí. Y uno tiene que hacer la distinción entre la paja y el trigo; uno tiene que tirar la paja y recoger el trigo. Se necesita esa inteligencia; de otro modo uno no puede ser una persona religiosa.

Esos temores no te dan entendimiento. De hecho, nublan más tu mente, te dan menos claridad acerca de la vida. No te permiten entrar en la vida por completo y experimentarla: están en contra de la experiencia.

La meditación viene cuando uno vive la vida y la ve conforme ocurre. No porque Buda diga que la ira es mala; eso no ayuda: uno se volverá un loro, un erudito, pero si uno mira en su propia ira y surge ese entendimiento, esa ira se vuelve insensata, venenosa. No porque Krishna diga: «Deja todo a Dios, abandónate a Dios», no, seguir a Krishna no te acercará a Dios, sino ver que tu propio ego crea toda clase de miserias para ti. Al ver que un día haces a un lado el ego y dices: «Ahora viviré en una forma de absoluta rendición. Lo que Dios quiera a través de mí, ocurrirá. No tendré un deseo propio, ni una voluntad propia. Abandono mi voluntad».

Al ver la miseria que ocasiona el ego, llega la rendición. Al ver la miseria que ocasiona la ira, viene el amor. Al ver la miseria que origina la sexualidad, viene la *brahmacharya*, el celibato. Pero uno tiene que pasar por ello: no hay atajos, y esas cosas no se pueden tomar prestadas de nadie.

Dices: «No cometas dos veces el mismo error». ¿Cómo puedo evitar hacerlo, si no ocupo la mente para evaluar, comparar y juzgar?

Cuando digo que no cometas dos veces el mismo error, no estoy diciendo evaluar, juzgar, comparar. Estoy diciendo ver: cuando cometas un error, verlo de una manera tan total que veas que es un error. En ese mismo acto de ver es desechado; jamás volverás a ser capaz de repetirlo.

Por ejemplo, uno pone la mano en el fuego y se quema. La próxima vez que está uno cerca del fuego, ¿hará un silogismo aristotélico, de que «esto también es fuego, todos los fuegos queman, por tanto no tengo que poner la mano en él»? ¿Va uno a compararlo con la experiencia pasada? ¿Va uno a evaluar? Si hace uno eso, no puede evitar cometer el error de nuevo porque entonces la mente dirá: «Tal vez este fuego es diferente. Y quién sabe, el fuego puede haber cambiado su forma de vida. Quizá no se comporte igual esta vez. Tal vez estaba enojado aquella vez, y esta vez no lo esté. ¿Quién sabe?». La mente que evalúa, juzga, compara, ya muestra que no ha entendido la cuestión. De otro modo, ¿qué necesidad hay de evaluar, comparar? Si uno ha visto un hecho, el hecho basta. Uno evitará el fuego.

Así, cuando pases por experiencias, mantente alerta; no estés sordo ni ciego. No digo que mires atrás; digo que mires ahora mismo, dondequiera que estés, y si es un error será desechado por sí mismo. Al conocer que un error es un error, se desecha. Si no se desecha solo, eso muestra simplemente que uno no sabe por completo que es un error. En un lugar o en otro continúa la ilusión de que no lo es.

La gente se me acerca y dice: «Sabemos que la ira es mala, y sabemos que es venenosa, y sabemos que es destructiva para nosotros mismos, pero, ¿qué hacer? Seguimos enojándonos». ¿Qué están diciendo? Están diciendo que han oído a personas decir que la ira es mala, que han leído en las escrituras que es ponzoñosa, pero no lo saben por sí mismas. De otro modo, habrían acabado.

Sócrates ha dicho: «El conocimiento es virtud». Un gran aforismo. Dice que saber es ser. Una vez que uno sabe que esto es un muro y no una puerta, no va uno a golpearla con la cabeza una y otra vez. Una vez que sabe que es un muro, uno busca la puerta. Una vez que ha hallado la puerta, siempre pasará por la puerta. No es cuestión de pensar una y otra vez en las experiencias pasadas, comparar, decidir, concluir.

He escuchado:

> Un sacerdote sordo escuchaba confesiones cuando llegó un hombre al confesionario, se arrodilló y dijo:
>
> —Oh, padre, he hecho algo terrible. He asesinado a mi madre.
>
> —¿Qué? —dijo el anciano sacerdote, ahuecando la mano en su oreja.
>
> —¡He asesinado a mi madre! —dijo el penitente en voz alta.
>
> —¿Qué dijiste? Habla más fuerte —ordenó el hombre de Dios.
>
> —¡He asesinado a mi madre! —rugió el pobre pecador, consternado.
>
> —Ah —dijo el sacerdote—. ¿Cuántas veces?

Una persona sorda es sorda, una persona ciega es ciega. Si uno no escucha a la experiencia, si uno está sordo a su experiencia, uno irá repitiendo los mismos errores una y otra vez. De hecho, decir que uno está repitiendo no es correcto: uno lo está volviendo a hacer como algo nuevo porque la última vez falló. No es una repetición.

Esto es lo que entiendo: que ningún error se repite una vez que se ha entendido que es un error. Si lo repetimos, simplemente muestra que lo hacemos de nuevo porque el pasado no ha entrado aún en nuestra consciencia. Uno lo está haciendo de nuevo por primera vez, no es una repetición. Si uno lo ha entendido, entonces no se puede repetir. El entendimiento es alquímico; uno se transforma por él.

Así pues, no estoy diciendo que te vuelvas muy listo, calculador, y siempre pienses en lo que es bueno y lo que es malo, en qué hacer y qué no hacer, qué es moral y qué es inmoral... no estoy diciendo eso. Simplemente te estoy diciendo: por donde pases, pasa alerta por completo, de modo que nada que esté mal vuelva a repetirse.

Ésa es la belleza de estar alerta: lo correcto se realizará a través de ello; lo que está mal se destruirá. Estar alerta funciona como energía de vida para el bien y como energía de muerte para el mal. Es una bendición para el bien y una maldición para el mal. Si me pides mi definición de pecado, es ésta: lo que puede hacerse con plena consciencia no es pecado; lo que no puede hacerse con plena consciencia es pecado. O bien, lo que sólo puede hacerse en la inconsciencia es pecado, y lo que sólo puede hacerse en consciencia es virtud. Así que olvídense del pecado y la virtud. Recuerden la consciencia, eso es todo.

Todo el propósito de la evolución está entre la consciencia y la inconsciencia. Volverte más o menos consciente. Lleva tu energía a inflamarse más con la consciencia, eso es todo.

¿Qué es el verdadero arrepentimiento?

Los religiosos han hecho mucha alharaca sobre el arrepentimiento. Jesús repite una y otra vez a su gente: «¡Arrepiéntanse, arrepiéntanse, porque el reino de Dios está cerca, porque el día del juicio se acerca!».

Primero, las religiones nos hacen sentir culpables; de otro modo el arrepentimiento no tendría ninguna relevancia. Uno miró a una hermosa mujer que pasaba y hubo deseo, el corazón comenzó a latir más fuerte. Pero uno es casado y es padre de una docena de niños; además, es cristiano. No es apropiado. Comienza a sentirse culpable: no ha hecho nada, pero comienza a sentirse culpable. Ahora, ¿cómo librarse de la culpa? Se siente culpable con su esposa, así que tendrá que llevarle helado: eso es arrepentimiento. Y la esposa también entiende que uno debió de hacer algo malo, de otro modo, ¿por qué el helado? Uno tiene que llevar juguetes para los niños: eso es arrepentimiento.

Pero no basta con eso. Uno tiene que ir con el sacerdote para confesar que una hermosa mujer pasó y que él sintió que el deseo sexual crecía en su interior: «No es correcto. Pide perdón a Dios en mi nombre». Ahora estará tranquilo. Pero no ha hecho nada, y ya ha dilapidado dinero en helado, juguetes, en ir al sacerdote… y convertirse en víctima de éste, porque ahora siempre estará bajo su poder.

La religión católica tiene más poder sobre sus fieles que cualquier otra religión, por la sencilla razón de que todo el mundo tiene que confesar sus pecados. Naturalmente, el sacerdote sabe mucho sobre todo el mundo… uno no puede dejar la Iglesia, él podría exponerlo a uno. La idea que se le da a uno es que ésta es la forma de arrepentirse, pero la realidad es que en la mayoría de los casos uno no comete ningún pecado. Mirar a una mujer hermosa y sentir que el corazón se acelera es absolutamente correcto, es acorde con la naturaleza. Es respetuoso hacia la mujer. En una sociedad mejor y más humana, donde todas las religiones muertas estén acabadas, uno más bien se acercará a la mujer y le dará gracias por su belleza, se sentirá agradecido de que ella exista.

Uno no se siente culpable por mirar una bella rosa, ni por contemplar una hermosa puesta de sol. Entonces, ¿por qué tiene que sentirse culpable al mirar a una mujer o un hombre hermosos? La belleza no es pecado: debe ser respetada. Y en un mundo más inteligente, comprensivo y humano, la mujer aceptará el cumplido con gratitud. No se le hace ningún daño.

La mayoría de los que ustedes llaman pecados no son pecados en absoluto. Algunos son errores quizá, pero no pecados.

En mi forma de vida, la palabra «pecado» no existe. Les sorprenderá saber que la raíz original de la que procede la palabra pecado significa olvido. Eso es estupendo, es lo que debería significar. Uno no estaba alerta; uno olvidó que había cometido un error.

La idea del pecado es inventada por los sacerdotes para suprimir a la persona, subyugarla, humillarla, destruir su dignidad. Pero el olvido es entendible. Uno puede hacer algo sin darse cuenta de lo que hace; más tarde se vuelve alerta de que ha hecho algo incorrecto. Entonces la mejor manera no es ir al sacerdote, sino a la persona a quien se le ha hecho mal. ¿Qué tiene que ver el sacerdote? ¿Y qué tiene que ver Dios? La persona a la que se ha dañado en alguna forma… uno debe ir con esa persona y pedir perdón. Eso será hermoso, y eso unirá a las personas.

Les sorprenderá saber que en Tailandia existe una pequeña tribu de personas muy primitivas que, aun si en sueños dañan a alguien… por ejemplo, si golpean a alguien en sus sueños, lo primero que hacen en la mañana es ir con la persona y pedirle perdón porque, aunque fue un sueño, debió haber un deseo en alguna parte que creó ese sueño. Le dicen a la persona: «No te he lastimado, y jamás voy a lastimarte. Nunca me había dado cuenta siquiera de que había un deseo de lastimarte, pero debe de haberlo porque los sueños son parte de la realidad. No vienen de la nada».

Y les sorprenderá saber que esa pequeña tribu es la más pacífica del mundo: ninguna pelea, ninguna violación, ningún asesinato, ningún suicidio. Durante miles de años se han comportado de la misma forma. Poco a poco han dejado de soñar también. Se han vuelto tan inocentes que aun en el inconsciente ya no hay ningún deseo de ser violento, de violar, de torturar a alguien, de matar a alguien. Durante miles de años, han ido continuamente con la persona a pedirle perdón… y la persona se asombra, porque no sabe de nada que se le haya hecho. Pero eso los acerca a la persona: ella los abraza y dice: «No hay nada de qué preocuparse, fue sólo un sueño».

Si un hombre como Sigmund Freud hubiera ido a Tailandia y conocido a ese pueblo, se habría asombrado de que su psicoanálisis no tendría ninguna aplicación. No tienen sueños, no se les puede psicoanalizar. De cuando en cuando alguien tal vez tenga un sueño, pero han encontrado el modo de librarse aun del menor deseo inconsciente.

No hay nada de pecado en tu vida. Cuando mucho puedes cometer un error; puedes hacer algo que nunca quisiste hacer, y entonces hay pesadez en tu corazón. Entonces, haz algo para deshacer lo que cometiste. Ir al sacerdote es simplemente una idiotez. Cualquier cosa que hayas hecho, deshazla: ése es el único arrepentimiento verdadero.

Y no por cualquier motivo: «Arrepiéntanse, arrepiéntanse, porque el día del juicio está muy cerca...». ¿No estaba tan cerca, entonces? Entonces no hay prisa; sigan cometiendo pecados. Ya podrán arrepentirse cuando se acerque. Y no está cerca porque han pasado dos mil años y Jesús sencillamente decía una mentira cuando afirmó: «... el día del juicio está muy cerca, arrepiéntanse». Estaba creando miedo en la gente, de que «si no se arrepienten, entonces en el día del juicio serán castigados. Es mejor que se arrepientan antes de eso. Vayan al sacerdote; confiesen, líbrense de ello».

Pero si pueden librarse de los llamados pecados con tanta facilidad, yendo cada domingo a ver al sacerdote, ¿entienden las implicaciones? Significa que la próxima semana están libres de nuevo para cometer pecados y hacer lo que quieran, porque todo lo que tienen que hacer es volver a ir con el sacerdote.

Los hindúes tienen un método todavía más simple. Cada año van al Ganges, se dan un buen baño, y todos sus pecados son lavados. ¿Para qué crear esos pequeños abonos semanales? ¿Por qué no todo un año? Y si uno no puede una vez al año, entonces cada doce años hay una feria especial en Allahabad, tal vez la reunión más grande de personas en todo el mundo, millones de personas. Lo que uno haya hecho en doce años, al darse un baño en el Ganges queda limpio, libre para hacer las mismas cosas de nuevo; durante al menos otros doce años no hay problema.

Recuerdo un incidente de la vida de Ramakrishna. Él era muy sencillo y sin estudios, pero era un hombre de tremenda visión. Un hombre se le acercó y dijo: «Voy a ir al Ganges, es el duodécimo año, y quiero tus bendiciones. ¿Y es cierto que todos los pecados que has cometido quedan lavados?».

Ramakrishna no era como yo. Dijo: «Sí, es cierto. Todos los pecados quedan lavados cuando te das un remojo en el Ganges».

El hombre dio un gran suspiro de alivio y dijo: «Entonces está bien. Si tú lo dices, es perfecto».

Ramakrishna dijo: «Pero no he terminado, tengo que decir algo más. ¿Has visto esos grandes árboles en la ribera del Ganges?».

El hombre respondió: «Sí».

Ramakrishna dijo: «Ése es el problema: cuando te sumerges en el Ganges tus pecados saltan y se sientan en los árboles, y te esperan allí. ¿Cuánto tiempo puedes permanecer en el agua? El Ganges es grande en verdad y purifica, pero, ¿por cuánto tiempo? Al final tienes que salir, y en el momento en que sales... esos pecados están sentados en los árboles y saltan hacia ti. Y a veces ocurre que los pecados de alguien más también saltan hacia ti... sólo por variar, les encanta. Esos árboles están llenos de pecados. Así que puedes ir, pero ten cuidado con los árboles».

El hombre repuso: «Esto es muy difícil. ¿Cuánto tiempo puedo permanecer en el agua? Al final tengo que salir, y tendré que pasar bajo esos árboles».

Ramakrishna dijo: «Con eso no te puedo ayudar. Por eso yo no voy... ¿qué caso tiene?"».

Todas las religiones han encontrado estrategias, primero para hacernos sentir culpables, y luego para darnos un método simple para librarnos de la culpa.

Yo no enseño una religión. Yo sencillamente quiero decirles la verdad. Si han hecho algo malo, vayan con la persona. Sean humildes, pidan perdón. Sólo esa persona puede perdonarlos, nadie más: ni el Ganges ni Dios.

Y recuerden que el significado de la palabra «pecado» es olvido. Así que ahora, no vuelvan a olvidar y a hacer lo mismo: de otro modo, pedir perdón pierde significado. Tengan cuidado, estén alertas, sean conscientes y no hagan lo mismo de nuevo. Ése es el verdadero arrepentimiento. Una vez que han cometido el error... fue sólo un error. Errar es humano, no hay nada de qué preocuparse. Y perdonar es divino, así que si alguien viene a ustedes y les dice que ha cometido un error contra ustedes, no pierdan la oportunidad de dar una probada a lo divino. O cuando hayan cometido un error y vayan con alguien más para ser perdonados, están dándole a esa persona una gran oportunidad de probar algo de lo divino. Es bueno para ambos. Al perdonar, uno prueba algo imposible de explicar; sólo puede ser llamado divino. También ustedes sentirán algo tremendamente hermoso: humildad, ausencia del ego.

Pero recuerden no volver a cometer el error. Debe volverse una decisión para ustedes; entonces de veras estarán arrepentidos. No tiene nada que ver con Dios, nada que ver con ningún sacerdote; tiene que ver con su propia psicología.

Rudolf Hess, uno de los últimos grandes jefes nazis, se suicidó en la cárcel en Berlín, donde estuvo preso cuarenta y seis años. Era el brazo derecho de Adolf Hitler. «No me arrepiento de nada —dijo ante el tribunal de Nuremberg—, y si pudiera empezar desde el principio, haría lo mismo de nuevo». Osho, ¿puedes decir algo acerca del perdón, aun hacia personas que parecen no merecerlo?

Es una de las cosas fundamentales que hay que entender. Por lo común la gente piensa que el perdón es para quienes son dignos de él, quienes lo merecen. Pero si alguien merece el perdón y es digno de él, entonces no es mucho perdón. No estamos haciendo gran cosa; la persona lo merece. No somos en realidad amorosos y compasivos. El perdón será auténtico sólo cuando incluso quienes no lo merecen lo reciben. No es cuestión de si la persona es digna o no. La cuestión es si el corazón está dispuesto o no.

Recuerdo a una de las místicas más significativas, Rabiya al-Adabiya, una mujer sufí conocida por su conducta excéntrica. Pero en toda su conducta excéntrica había una gran profundidad. Una vez, otro místico sufí, Hasan, se hospedó con ella. Como iba a ser huésped de Rabiya, no llevó su propio Corán sagrado, que solía leer cada mañana como parte de su disciplina. Pensó que podía tomar prestado el de Rabiya, así que no llevó su ejemplar.

En la mañana se lo pidió a Rabiya y ella le prestó su ejemplar. Él no podía creerlo: al abrir el Corán, vio algo que ningún musulmán podría creer: en muchos lugares Rabiya lo había corregido. Para los musulmanes era el mayor pecado: de acuerdo con ellos, el Corán es la palabra de Dios. ¿Cómo es posible cambiarlo? ¿Cómo se puede siquiera pensar en que uno puede hacer algo mejor? Ella no sólo lo cambió, sino que sencillamente había cortado algunas palabras, algunas líneas: ¡las había quitado!

Hasan le dijo:

—¡Rabiya, alguien ha destruido tu Corán!

—No seas tonto —dijo ella—, nadie puede tocar mi Corán. Lo que ves lo hice yo.

—Pero ¿cómo pudiste hacer algo así?

—Tuve que hacerlo —dijo ella—, no podía evitarlo. Por ejemplo, mira aquí: el Corán dice: «Cuando veas al diablo, ódialo». Desde que he despertado no puedo encontrar ningún odio en mí. Aun si el diablo se parara frente a mí, sólo puedo derramar mi amor en él, porque no me queda nada más. No importa si Dios está frente a mí, o el diablo; ambos recibirán el mismo amor. Todo lo que tengo es amor; el odio ha desaparecido. En el momento en que el odio desapareció de mí tuve que hacer cambios a mi Corán. Si tú no lo has cambiado, eso significa que no has llegado al espacio donde sólo el amor permanece.

Yo te diré que las personas que no merecen, que no son dignas, no significan ninguna diferencia para quien ha llegado al espacio del perdón. Tú perdonarás, sin importar quién lo reciba. No puedes ser tan miserable que sólo los dignos deban recibirlo. ¿Y de dónde vas a encontrar la falta de perdón? Ésta es una perspectiva por completo diferente. No tiene que ver con el otro. ¿Quién eres tú para juzgar si el otro es digno o indigno? El solo juicio es feo y maligno.

Sé que Rudolf Hess es sin duda uno de los mayores criminales. Y su crimen se vuelve incluso un millón de veces más grande porque en el juicio de Nuremberg, con los demás compañeros de Adolf Hitler —quien mató a casi ocho millones de personas en la Segunda Guerra Mundial—, dijo frente al tribunal: «¡No me arrepiento de nada!». No sólo eso, también dijo: «Y si pudiera volver a empezar, haría lo mismo de nuevo». Es muy natural pensar que ese hombre no merece perdón; eso sería el entendimiento común. Todo el mundo estaría de acuerdo contigo.

Pero yo no puedo estar de acuerdo. No importa lo que Rudolf Hess haya hecho, lo que esté diciendo. Lo que importa es que tú eres capaz de perdonarlo incluso a él. Eso elevará tu consciencia hasta las mayores alturas. Si no puedes perdonar a Rudolf Hess, seguirás siendo sólo un ser humano ordinario, con toda clase de juicios sobre lo digno y lo indigno. Pero en esencia no puedes perdonarlo porque tu capacidad de perdonar no es lo bastante grande.

Puedo perdonar a todo el mundo por la sencilla razón de que mi perdón es absoluto; no entraña un juicio. Les contaré una pequeña historia tibetana que dejará la cuestión en claro para ustedes:

Un viejo gran maestro, venerado por millones de personas, se negaba a iniciar a nadie como discípulo. Durante toda su vida, de modo consistente, reyes, personas muy ricas, grandes ascetas, santos, le pedían ser iniciados como sus discípulos, y él seguía negándose. Siempre decía:

—Mientras no encuentre a un hombre que lo merezca, mientras no encuentre a un hombre que sea digno… no voy a iniciar a cualquier fulano, mengano o perengano.

Tenía un muchacho que le cocinaba, le lavaba la ropa, le llevaba verduras del mercado. Muy poco a poco el muchacho se había hecho viejo también, y durante toda su vida había escuchado al anciano, que había vivido casi cien años, y sin excepción su negativa: nadie es digno.

—Moriré —dijo— sin haber iniciado a nadie, pero no iniciaré a nadie que no lo merezca.

La gente se cansó, frustrada. Amaban al hombre, que tenía inmensas cualidades, pero no podían entender su terca actitud: ninguna amabilidad, ninguna compasión.

Pero una mañana el anciano despertó a su compañero, quien también había envejecido, y le dijo:

—Corre de inmediato colina abajo al mercado y diles a todos que quien quiera ser iniciado debe venir pronto, porque esta noche, al ponerse el sol, voy a morir.

El compañero dijo:

—Pero, ¿y la dignidad?… No sé quién será digno y quién no. ¿A quién debo traer?

—No te preocupes. Era sólo una argucia, porque yo mismo no era digno de iniciar a nadie, pero decirlo iba contra mi amor propio. Así que le di la vuelta a la cuestión. Yo decía: «Mientras no encuentre a nadie digno, que lo merezca, no voy a iniciar». La verdad es que yo no era digno de ser maestro. Ahora lo soy, pero queda muy poco tiempo. Apenas esta mañana, cuando el sol salía, mi propia consciencia también se elevó a la cúspide más alta. Ahora estoy listo. Ahora no importa quién es digno y quién no. Lo que importa ahora es que yo soy digno. ¡Ve y trae a cualquiera! Ve a alertar a todo el pueblo de que éste es el último día de mi vida, y quien quiera ser iniciado debe venir de inmediato. Tráeme a todos los que puedas.

El compañero del anciano estaba desconcertado, pero no había tiempo para alegar. Corrió colina abajo, llegó al mercado y gritó a todo el pueblo:

—Si alguien quiere ser discípulo, el anciano está dispuesto ahora.

La gente no podía creerlo. Pero por curiosidad algunos pensaron: «No hará daño ver qué ocurre». El hombre se había negado durante toda su vida, ¿y de pronto, en el último día, un cambio tan grande? La esposa de alguien había muerto y se sentía solo, así que pensó: «Está bien. Si va a iniciar a todos, sin preocuparse de si son dignos...». Alguien había salido de la cárcel apenas la noche anterior; pensó: «Nadie me dará empleo; ésta es una buena oportunidad de volverme santo».

Toda suerte de personas extrañas fueron a la cueva del anciano, y su compañero se sentía avergonzado de la clase de gente que llevaba: un criminal, uno al que se le murió su mujer y por eso pensó: «Es mejor... ¿qué otra cosa hay que hacer?». Alguien que había ido a la quiebra y pensaba en suicidarse; ahora creía que esto era mejor que el suicidio. Unos cuantos habían ido por curiosidad. No tenían otra ocupación; estaban jugando cartas y pensaron: «Podemos jugar cartas mañana, pero hoy no hará daño, veamos qué iniciación es ésta. De todos modos ese hombre morirá al anochecer, así que seremos libres de seguir siendo discípulos o no. Podemos jugar cartas mañana, no hay daño».

El compañero del anciano se sentía muy avergonzado. «¿Cómo voy a presentarle a este grupo extraño cuando ha rechazado a reyes, santos, sabios, que han venido con gran anhelo de ser iniciados? ¡Y ahora va a iniciar a esta banda!». Aun con la vergüenza, entró:

—¿Debo llamar a esas personas? Han venido once.

—¡Llámalos de inmediato! —dijo el anciano—, porque

ya estamos en la tarde. ¿Tardaste tanto tiempo y sólo pudiste traer once personas?

Su compañero dijo:

—¿Qué puedo hacer? Es día de trabajo, no de asueto. Sólo pude conseguir a estos. Todos son absolutamente inútiles; ni yo los iniciaría. No es sólo que no sean dignos... son totalmente indignos. Pero tú insististe en que trajera a alguien, no había nadie más al alcance.

—No hay problema. Sólo tráelos.

Y los inició a todos. Hasta ellos estaban impresionados. Y le dijeron al anciano:

—Esta conducta es extraña. Toda tu vida has insistido en que uno tiene que merecer ser discípulo. ¿Qué pasó con ese principio?

El anciano se echó a reír y dijo:

—No era un principio, era sólo para esconder mi propia indignidad. Aún no estaba en posición de ser maestro. Y no puedo engañar a nadie; de ahí que me haya refugiado en una actitud de juzgar, de que a menos que fueran dignos, no les daría la iniciación.

Obviamente, nadie es digno.

Todo el mundo tiene sus fallas, debilidades; todo el mundo ha hecho cosas que nunca quiso hacer. Todos se han descarriado. Nadie puede decir que es puro en absoluto; todos están contaminados. Así que cuando el anciano insistía: «Si no son dignos, no vuelvan», nadie alegaba con él; tenía razón. ¡Primero tenían que ser dignos!

En el último día, dijo a esos once discípulos: «Los bendigo y los inicio. No importa si son dignos o no, pero por primera vez yo soy digno. Y si en verdad soy digno, mi sola presencia va a purificarlos. Mi dignidad de ser maestro los hará discípulos dignos. Ahora no tengo que depender de que ustedes lo sean. Basta con mi dignidad. Soy como una nube de lluvia; lloveré sobre todo el lugar: en las montañas, en las calles, en las casas, en las granjas, en los jardines. Lloveré en todas partes, porque también yo estoy demasiado cargado con mi agua de lluvia. No importa si el jardín la merece… Ni siquiera distingo entre el jardín y las rocas. Simplemente lloveré de mi abundancia»

Si sus meditaciones los llevan al estado de una nube de lluvia, perdonarán sin juzgar desde su abundancia, desde su amor, desde su compasión.

De hecho, me gustaría hacer la aseveración de que el hombre que es indigno merece más que el hombre digno. El hombre que no merece, merece más, porque es tan pobre; no sean duros con él. La vida ha sido dura con él. Se ha descarriado; ha sufrido por sus fechorías. No sean duros con él. Necesita más amor que los que lo merecen; necesita más perdón que los que son dignos. Ése debe ser el único enfoque de un corazón religioso.

Tu pregunta fue planteada a Buda Gautama, porque él iba a iniciar a un asesino en los sannyas… y el asesino no era un asesino ordinario. Rudolf Hess no era nada comparado con él. Su nombre era Angulimalaa, que significa «un hombre que lleva una guirnalda de dedos humanos». Había jurado matar a mil personas; a cada una le arrancaría un dedo para que pudiera recordar a cuántas había matado y haría una guirnalda con todos esos dedos.

En su guirnalda de dedos, Angulimalaa tenía novecientos noventa y nueve: sólo uno le faltaba. Y ese uno le faltaba porque su camino estaba cerrado; nadie llegaba ese día. Pero Buda Gautama entró en ese camino cerrado. El rey había puesto guardias en el camino para prevenir a la gente, en especial a los forasteros que no sabían que un hombre peligroso vivía detrás de las colinas. Los guardias le dijeron a Buda Gautama: «No debes usar este camino. Tendrás que tomar una ruta más larga, pero es mejor rodear un poco más que ir a la misma boca de la muerte. Éste es el lugar donde vive Angulimala. Ni el rey tiene los arrestos para entrar en ese camino. Ese hombre está sencillamente loco. Su madre solía ir a verlo. Ella era la única persona que solía ir a verlo, de cuando a cuando, pero hasta ella dejó de hacerlo. La última vez que fue, él le dijo: ‹Ahora sólo me falta un dedo, y sólo porque eres mi madre… quiero advertirte que si vienes otra vez no regresarás. Necesito desesperadamente otro dedo. Hasta ahora no te he dado muerte porque había otras personas al alcance, pero ya nadie pasa por este camino excepto tú. Así que quiero advertirte que la próxima vez, si vienes, será tu responsabilidad, no mía›. Desde ese tiempo su madre ya no viene».

Los guardias le dijeron a Buda: «No corras ese riesgo innecesario».

¿Y saben qué les dijo Buda? Les dijo: «Si yo no voy, ¿quién irá? Sólo dos cosas son posibles: o lo hago cambiar, y no puedo evitar ese desafío, o le proporciono un dedo y su deseo se satisface. De cualquier manera, un día he de morir. Darle mi cabeza a Angulimalaa tendrá al menos alguna utilidad: de otro modo un día moriré y ustedes me pondrán en la pira funeraria. Pienso que es mejor complacer el deseo de alguien y darle paz de espíritu. Él me matará o yo lo mataré, pero este encuentro va a ocurrir; sólo guíenme en el camino».

La gente que solía seguir a Buda Gautama, sus compañeros cercanos que siempre competían por estar más cerca de él, comenzaron a aminorar el paso. Pronto había kilómetros entre Buda Gautama y sus discípulos. Todos querían ver lo que ocurría, pero no querían acercarse demasiado.

Angulimalaa estaba sentado en su roca, observando. No podía creer lo que veía. Un hombre muy hermoso, de inmenso carisma, venía hacia él. ¿Quién podía ser? Jamás había oído hablar de Buda Gautama, pero aun el duro corazón de Angulimalaa comenzó a sentir cierta blandura hacia ese hombre. Tenía un aspecto tan hermoso al acercarse a él. Era de mañana temprano… soplaba una brisa suave y el sol se elevaba… los pájaros cantaban y las flores se habían abierto, y Buda se acercaba más y más.

Por fin Angulimala, con su espada desenvainada en la mano, gritó: «¡Alto!». Buda Gautama estaba a unos cuantos metros, y Angulimala dijo:

—No des un paso más, porque entonces la responsabilidad no será mía. ¡Quizá no sepas quién soy!

Buda dijo:

—¿Tú sabes quién eres?

Angulimala dijo:

—Ésa no es la cuestión. Ni es este el lugar para discutir esas cosas. ¡Tu vida está en peligro!

—Yo creo otra cosa —respondió Buda—: Tu vida está en peligro.

El hombre dijo:

—Yo solía creer que estaba loco; tú estás loco, y sigues acercándote. Entonces no digas que he matado a un inocente. Te ves tan inocente y hermoso que quiero que retrocedas. Encontraré a alguien más. Puedo esperar; no hay prisa. Si puedo con novecientos noventa y nueve... es sólo cuestión de uno más, pero no me obligues a matarte.

—Estás ciego por completo —dijo Buda—. No puedes ver una cosa simple: yo no avanzo hacia ti, tú avanzas hacia mí.

—¡Eso es pura locura! ¡Cualquiera puede ver que tú te mueves y yo estoy parado en mi roca! No me he movido un centímetro.

—¡Tonterías! —dijo Buda—. Desde el día en que fui iluminado, no me he movido un centímetro. Estoy centrado, centrado por completo, sin movimiento. Y tu mente se mueve continuamente en círculos... ¿y tienes el descaro de decirme que me detenga? ¡Tú detente! Yo me detuve hace mucho tiempo.

Angulimala dijo:

—Parece que eres imposible, incurable. Estás destinado a ser asesinado. Me apenará, pero ¿qué puedo hacer? Nunca he visto un loco así.

Buda se acercó mucho, y las manos de Angulimala temblaban. El hombre era tan bello, tan inocente, tan parecido a un niño. Ya se había enamorado. Había matado a mucha gente. Nunca había sentido esta debilidad; jamás había sabido lo que era el amor. Por primera vez estaba lleno de amor. Así que había una contradicción: la mano sostenía la espada para matar al hombre, y su corazón decía: «Pon la espada de nuevo en su funda».

Buda dijo:

—Estoy listo, pero, ¿por qué te tiembla la mano? Eres un gran guerrero, hasta los reyes te temen, y yo soy sólo un pobre pordiosero. Fuera del tazón en el que pido limosna, no poseo nada. Puedes matarme, y me sentiré inmensamente satisfecho de que mi muerte colme el deseo de alguien; mi vida ha sido útil, mi muerte ha sido útil también. Pero antes de que me cortes la cabeza tengo un pequeño deseo, y creo que me lo concederás antes de matarme.

Antes de la muerte, hasta el enemigo más implacable está dispuesto a conceder cualquier deseo.

—¿Qué quieres? —dijo Angulimala.

—Quiero que cortes una rama de ese árbol que está lleno de flores. Jamás volveré a ver flores; quiero mirarlas de cerca, sentir su fragancia y su belleza en esta mañana soleada, su gloria.

Angulimala cortó con su espada toda una rama de flores. Y antes de que pudiera dársela a Buda, éste dijo:

—Ésta era sólo la mitad del deseo; la otra mitad es que pongas de nuevo la rama en el árbol.

—Desde el principio pensé que estabas loco —dijo Angulimala—. Éste es el deseo más disparatado. ¿Cómo puedo poner de nuevo esta rama?

Buda dijo:

—Si no puedes crear, no tienes derecho a destruir. Si no puedes dar vida, no tienes derecho de dar muerte a ningún ser vivo.

Un momento de silencio y un momento de transformación... la espada cayó de sus manos. Angulimala se arrojó a los pies de Buda Gautama y dijo:

—No sé quién eres, pero seas quien seas, déjame estar en el mismo espacio que tú; iníciame.

Para entonces los seguidores de Buda Gautama se habían acercado cada vez más. Viendo que ahora Buda Gautama estaba de pie frente a Angulimala, no había problema ni temor, aunque éste sólo necesitaba un dedo. Estaban alrededor y cuando él cayó a los pies de Buda de inmediato se acercaron.

Alguien planteó la cuestión:

—No lo inicies, es un asesino. Y no es un asesino cualquiera; ha matado a novecientas noventa y nueve personas, todas inocentes, todas extrañjeras. No le hicieron ningún mal. ¡Nunca las había visto!

—Si no lo inicio —dijo Buda—, ¿quién lo iniciará? Y yo amo a este hombre, amo su valor. Puedo ver tremendas posibilidades en él: un solo hombre combatiendo contra el mundo entero. Quiero esa clase de persona, que puede oponerse al mundo entero. Hasta ahora ha estado enfrentando al mundo con una espada; ahora lo enfrentará con una consciencia que es mucho más afilada que cualquier espada. Les dije que iba a ocurrir un asesinato, pero no era seguro quién sería el asesinado: sería yo o Angulimala. Ahora pueden ver que Angulimala es asesinado. ¿Y quién soy yo para juzgar?

Inició a Angulimala.

La cuestión no es si alguien es digno o no. La cuestión es si tienen la consciencia, la abundancia de amor: entonces el perdón vendrá de ella espontáneamente. No es un cálculo, no es aritmética.

La vida es amor, y vivir una vida de amor es la única vida religiosa, la única vida de oración, de paz, la única vida de gratitud, de grandeza, de esplendor.

5

EL SABOR

DEL ENTENDIMIENTO

En esta existencia nadie es un extraño. El pecador y el santo
no son dos mundos separados. El verdadero santo es uno que
ha elegido volverse tan consciente que dentro de él surge un
tercero —un testigo, un observador— que puede mirar al pe-
cador, que puede mirar al santo, y que sabe que el santo y el
pecador son dos caras de la misma moneda.

Por favor explica la «mentalidad correcta».
Te he escuchado decir que no es un objetivo
o algo que practicar. Entonces, ¿qué es?

La «mentalidad correcta» es un término extraño. En primer
lugar, no hay nada mental en ella, por tanto, se le llama mentalidad correcta. En segundo lugar, no hay nada correcto o
incorrecto en ella; por tanto, se le llama mentalidad correcta.
Es una forma budista de decir las cosas.

No puede ser un objetivo porque cuando hay un objetivo
uno siempre está equivocado. ¿Por qué? Porque cuando hay un
objetivo hay un deseo, y cuando hay deseo uno está descon-
tento, insatisfecho. Cuando hay deseo hay ansiedad: ¿seremos

capaces de lograrlo o no? ¿Será posible o no? Cuando hay un deseo hay futuro, y con el futuro entra la ansiedad en nuestro ser. Con el deseo hemos perdido contacto con el presente.

La mentalidad correcta no es un objetivo, no puede serlo. Cuando todos los deseos desaparecen y uno está aquí ahora, ése es el momento de la mentalidad correcta.

¿Por qué se llama «correcta»? Porque no conoce división entre lo correcto y lo incorrecto. Nada es correcto y nada es incorrecto; todos los juicios han desaparecido. Uno es inocente por completo. Cuando vemos florecer una rosa, ¿surge en nosotros la idea de que «es correcta, es incorrecta»? Cuando vemos que la estrella matutina desaparece, ¿nos viene la idea de «es correcto, es incorrecto»?

Cuando comenzamos a ver la vida sin juzgar, sin prejuicio, entonces estamos en un estado de mentalidad correcta.

Jesús ha dicho: «No juzguen». También ha dicho: «No resistan al mal…», ni siquiera al mal hay que resistirlo; entonces surge la mentalidad correcta. Cuando no somos morales ni inmorales, cuando somos amorales como los árboles, los animales, las aves y las bestias, cuando somos un pequeño niño inocente que acaba de abrir los ojos, sin ideas… entonces, en ese silencio, en esa pureza, es correcta mentalidad.

¿Por qué se llama «correcta»? Se llama correcta porque no conoce nada como correcto e incorrecto: no conoce división, es indivisible. La aceptación es total, por eso se le llama correcta. Uno ha caído en la talidad (*suchness*) de la existencia. Ya no está ahí como un juez.

Juzgar es incorrecto. Estar en un estado de no juzgar es correcto. Correcto no contra lo incorrecto, sino correcto porque todo lo correcto y lo incorrecto han desaparecido. No se tiene opinión. No se tiene una filosofía en mente. Uno es simplemente un espejo. Cuando uno se pone frente al espejo, el espejo no dice: «Eres hermoso, eres feo»: simplemente refleja. Cuando tu consciencia se ha vuelto un espejo y simplemente refleja lo que sea el caso, eso es mentalidad correcta. La cualidad de ser como espejo…

Y no es un objetivo, porque todo objetivo traerá polvo al espejo. Todo objetivo agitará deseos, y los deseos rodean al espejo como niebla, y entonces el reflejo no es cierto; entonces la talidad no se refleja. Cuando uno tiene alguna idea, no puede ser fiel a la realidad. Uno distorsiona la realidad según su idea. Uno trata de moldear la realidad según su idea, uno trata de modificar la realidad. Uno sigue buscando su idea. Uno busca apoyo: uno quisiera que la realidad apoyara su idea. Uno quisiera que la realidad estuviera de acuerdo con uno, y entonces distorsiona: entonces empieza a ver cosas que no están allí y deja de ver las cosas que están allí. Entonces empieza a vivir en un mundo mental.

Vivir en la mente es erróneo. Vivir sin la mente es correcto, porque sin la mente la consciencia existe en su pureza, como espejo: simplemente refleja. No dice nada, no tiene interpretación. No interpreta.

Entonces, ¿por qué se llama mentalidad? Es traducción de un término budista, *sammasati*. *Samma* significa «correcto»: la traducción no es muy acertada, no puede serlo. *Samma* es una palabra muy extraña, muy significativa; tiene muchas acepciones; «correcto» es sólo una de ellas. *Samma* es la raíz de la que procede *samadhi*; la palabra *samadhi* viene de *samma*. *Samma* significa muchas cosas. Tranquilidad, silencio, ecuanimidad, equilibrio, imperturbabilidad, concentración, estar centrado, aterrizado: todos esos son aspectos de *samma*. «Correcto» es una traducción muy pobre de *samma*. Y *sati*… *sammasati*. *Sati* puede significar «mentalidad», puede significar «recuerdo», puede significar «reflejo», puede significar «evocación», puede significar «presencia». Todos esos significados están involucrados en ella. Mentalidad es sólo uno de sus significados. Es una palabra muy potente y cargada: *sammasati*.

Es el séptimo paso de los ocho pasos de Buda: ya estás muy cerca de la realidad. El octavo es *samadhi*, el séptimo es *sammasati*. Has llegado muy cerca; estás en el umbral de la realidad: tiene que ser muy significativo. Cuando estás por completo presente en el presente, cuando no tienes ningún pasado ni ningún futuro… cuando el trino de este pájaro, el paso de este tren, el ladrido de este perro, es todo… cuando esto es todo y no hay aquello, cuando la palabra *aquí* es toda tu realidad y no hay *allá*, cuando *ahora* contiene todo el tiempo y no hay *entonces*… entonces estás en el estado de *sammasati*.

Es lo que sigo llamando «aquíahora»: eso es *sammasati*. Entonces estás por completo presente, absolutamente presente. Cuando algo ocurre en tu mente, relativo al pasado, no estás aquí; una parte de ti viaja hacia el pasado, y una parte de ti viaja hacia el futuro; sólo un fragmento está aquí. Cuando todas las partes de tu ser están aquí, cuando estás por completo en casa, nada falta, cuando estás aquí de forma integral, eso es mentalidad correcta. En ese momento reflejarás la realidad: como es, sin distracción, sin distorsión. Puesto que no tienes ningún pensamiento en la mente, ¿cómo puedes distorsionarla? El pensamiento distorsiona, pensar es destructivo. Insiste en imponer: no te permite ver lo que es.

La mentalidad correcta es un estado de la mente, ¡el no-pensamiento!

Y recuerda: también es un estado de no-sentimiento; de otro modo, puedes pensar que es un estado de sentimiento. No, no lo es, porque el sentimiento crea ondas y la superficie del lago es perturbada, y una vez más la luna no se refleja como es.

Ni el pensamiento te perturba, ni el sentimiento.

Estos son los tres estados: uno es pensar, el más perturbado; el segundo es sentir, menos perturbado que pensar, pero perturbado aún; el tercero es ser: ninguna perturbación. El primero está en la cabeza, el segundo en el corazón, y el tercero en las entrañas. La mentalidad correcta es un estado de las entrañas: no de la cabeza ni del corazón. Estás allí simplemente indefinido, indefinible.

Me pides: «Por favor explica lo que es la mentalidad correcta. Te he escuchado decir que no es un objetivo ni algo que se practique. Entonces ¿qué es?».

Y, sí, no es una práctica. No se puede practicar, porque
¡la práctica trae el objetivo! La práctica es deseo, la práctica es propósito. Y recuerda. Siempre que practicas algo, impo-
nes algo contra ti, de otro modo, ¿por qué practicarlo? ¿Contra
quién practicas? Cuando practicas la verdad, ¿qué harás? Reprimirás la falsedad… pero la falsedad permanecerá allí, muy
dentro de ti, lista a explotar en cualquier momento. Seguirá
acumulándose.

Cuando practiques el amor, ¿qué harás? Reprimirás el odio.
Cuando practiques la compasión, ¿qué harás? Reprimirás la ira.
Y todo lo que es reprimido permanecerá en ti, y todo lo que
se practica permanecerá en la superficie, y todo lo que es rechazado se irá al fondo de tu ser. Lo rechazado se volverá parte de tu ser y lo practicado seguirá siendo sólo un barniz, una
pintura en la superficie.

Y recuerda: siempre que practiques cualquier cosa, estás
enojado con ella. Es natural, porque toda práctica te divide,
te vuelve esquizofrénico.

Una parte de ti trata de manipular a la otra. Una parte
de ti trata de imponer ciertas ideas a la otra parte. Y la parte que trata de imponerse es una parte muy impotente, pero
elocuente: tu cabeza. No tiene poder, pero es muy elocuente, muy lista, muy astuta, muy argumentativa. Y la cabeza se
impone a tu cuerpo, a tu corazón, que son mucho más poten-
tes, mucho más poderosos; tienen fuentes de energía, pero no
son elocuentes, no son argumentativos: son silenciosos. Y la
cabeza sigue fingiendo que ha practicado… y entonces surge
una situación y toda la práctica es desechada… porque la cabeza no tiene energía.

Durante años crees que nunca estarás furioso, y un día alguien te insulta y en un solo momento has olvidado toda esa
práctica. ¡Estás furioso! Para cuando te das cuenta de que estás furioso, la ira ya ha ocurrido. Estás ardiendo, eres fuego.
¿De dónde viene este fuego? Y los años de práctica… la práctica estaba sólo en la superficie. La mente fingía; como no había

una situación que te provocara, la mente era capaz de fingir.
Ahora ha surgido la situación y la mente no es capaz de fingir. La realidad se impone.

Por eso, en el curso de las eras, la gente que se llama religiosa ha estado escapando de la sociedad, de la vida. ¿Por qué? Escapa de las situaciones en las que pueda demostrarse que su práctica estaba equivocada; no hacen otra cosa. Al ir a los Himalayas, simplemente escapan del mundo… ¡porque el mundo produce situaciones! Y su llamada práctica, su religión y su disciplina se rompen una y otra vez. Alguien los insulta, o una mujer hermosa pasa a su lado, y todo su celibato y su *brahmacharya* y todas sus ideas se van. Una sola mujer bella basta para destruir todos sus años de celibato.

Escapan de las mujeres, escapan del mundo, escapan del dinero y del mercado: saben que sólo pueden ser morales, religiosos y santos cuando no hay situación que provoque su realidad. Entonces la mente puede seguir practicando ese juego en un monasterio. Cuando no hay reto, la mente parece dominar. Cuando hay reto, la mente ya no domina.

Cualquier cosa que practiques sigue siendo falsa. Nunca ha ocurrido nada real a partir de la práctica. Cuídate de eso. Lo real sólo ocurre a través del entendimiento, no de la práctica. ¿Y cuál es la diferencia?

El entendimiento dirá: quédate donde surgen las situaciones, quédate donde los retos te rodean. Quédate allí donde existen las provocaciones y las tentaciones. ¡Entra en situaciones! El entendimiento dirá: si llega la ira, entra en la ira y ve lo que es. Ve por ti mismo; no confíes en el juicio de nadie acerca de ella. ¡Entra en ella! Déjate quemar por ella. Permítele que deje cicatrices en tu ser, porque uno aprende sólo por el camino difícil. Sólo tu experiencia te dirá una y otra vez que la ira es estúpida, ¡no que es un pecado! Sencillamente es estúpida. Y conforme el entendimiento se profundiza, la ira se vuelve cada vez menos. Un día… el entendimiento ha tocado el centro mismo del ser, la luz ha penetrado en ti. Has visto de cabo a rabo que la ira es inútil: en ese mismo instante la ira ha desaparecido y no ha habido ninguna represión.

Recuerda esto: la represión es la trampa para *todas* esas personas que quieren transformar sus vidas: quieren evitar la represión. La indulgencia no es tan mala, porque un día puede traerte el entendimiento, pero la represión nunca puede traer entendimiento. ¿Cómo puedes entender algo que sigues reprimiendo, sin mirar en su interior? Sigues cubriéndolo, sigues arrojándolo al sótano de su ser.

Y recuerda: mientras más practiques, mientras más simules, más te enojas con tu propia práctica. Tus partes verdaderas, tus entrañas, están enojadas.

> Un joven intelectual estaba terminando con su novia.
>
> —Jane —le dijo—, no creo que seas la chica para mí. Mis intereses están en el arte, la literatura y la música. A ti sólo te interesan los deportes, el juego y actividades comunes que me son por completo ajenas. De hecho, para decirlo con franqueza: ¡eres simplemente inculta!
>
> —¡Inculta! —estalló ella—. ¿Inculta? ¿De qué hablas? ¿No fui contigo a todas esas óperas, esos conciertos, esas conferencias y toda esa mierda?

Eso es lo que ocurre. Uno puede practicar, pero en el fondo sabe que se está reprimiendo, que lo rechaza, que niega ciertas partes esenciales de su ser.

La mentalidad correcta es el sabor del entendimiento, no el resultado de la práctica. La mentalidad correcta es la fragancia, la fragancia de ver a profundidad en las cosas, la fragancia de la percepción.

Criado por un padre que era perfeccionista, por fuera nada propenso a juzgar y por dentro

OSHO

hipercrítico de todo y de todos, ahora veo que mi condicionamiento funcionaba en gran medida para propósitos cruzados. Fui criticado por expresar juicios y opiniones y, sin embargo, me apremiaban a «discernir». Ahora siento que algo en mi inteligencia está bloqueado, baldado, titubeante y temeroso. Aun en la comunidad en torno a ti, he sido criticado repetidas veces por expresar juicios cuando he sentido a menudo que mis aseveraciones eran relevantes y válidas. ¿Cuál es la diferencia entre el juicio, el discernimiento y la verdadera claridad? ¿Y cómo un niño o un hombre de cuarenta y tres años va a distinguir la diferencia?

La mente no puede dejar de hacer juicios. Si se le obliga a no hacerlo, surgirá un bloqueo en la inteligencia. Entonces la mente no puede funcionar a la perfección.

No hacer juicios no es algo que ocurra dentro del área de la mente. Sólo un hombre que ha ido más allá de la mente puede no hacer juicios; hasta entonces, lo que a uno le parece estar basado en hechos y ser una aseveración válida, es sólo apariencia.

Todo lo que la mente decide o sostiene está contaminado por su condicionamiento, por sus prejuicios: eso es lo que la hace juzgar.

Por ejemplo, uno ve a un ladrón. Es un hecho que ha estado robando —de eso no hay duda— y uno hace una aseveración sobre el ladrón. Y sin duda robar no es bueno, así que cuando uno llama ladrón a un hombre la mente dice: «Es válido. Tu aseveración es cierta».

Pero, ¿por qué un ladrón es malo? ¿Y qué es la maldad? ¿Por qué ha sido obligado a robar? Y el acto de robar es un solo acto: sobre la base de un solo acto uno está haciendo un juicio acerca de toda la persona. Uno la llama ladrón. Hace muchas otras cosas también, no sólo robar. Tal vez sea un buen pintor, un buen carpintero, un buen cantor, un buen bailarín; puede haber mil y una cualidades en ese hombre. El hombre entero es muy grande, y el hecho de robar es una sola acción.

Sobre la base de un solo acto, no podemos hacer una aseveración acerca de toda la persona. No conocemos a la persona en absoluto. Y ni siquiera sabemos en qué condiciones ocurrió el acto. Tal vez en esas condiciones uno habría robado también. Tal vez en esas condiciones robar no era malo... porque todo acto es relativo a las condiciones.

Les he contado muchas veces la historia de cuando Lao Tse fue nombrado juez supremo de China. El primer caso fue contra un ladrón que había tomado casi la mitad de los tesoros del hombre más rico de la capital. Y había sido atrapado con las manos en la masa, así que no había duda sobre el robo. Además, había confesado el hurto.

Aun así, Lao Tse llamó al hombre en cuya casa se había metido el ladrón y había robado, y le dijo: «Según yo, los dos son criminales. Para empezar, ¿por qué habías acumulado tanta riqueza? Toda la capital es pobre y muere de hambre. No puedes devorar tu riqueza y seguir explotando a esta gente, chupándole la sangre.

»El hombre se vio forzado a robar. Su madre está muriendo. No podía encontrar un médico que viniera sin que le pidiera dinero; no podía conseguir medicina sin dinero. Llama a todas las puertas para conseguir empleo, y no hay empleos. ¿Qué quieres que haga ese hombre? Está dispuesto a trabajar, pero no hay trabajo. Ha suplicado a los médicos, pero nadie quiere escucharlo. Dicen: 'Todos los días vienen miles de pobres. ¿Cómo podemos arreglarnos?'. ¿Y de dónde va a obtener esas costosas medicinas? Fue un último recurso. Ese hombre no es un ladrón. Robar fue el último recurso para salvar a su madre que se moría.

»Y robar de tu casa sin duda no es un crimen. En primer lugar, has cometido el crimen básico de acumular la riqueza. Y este ladrón, este llamado ladrón, es un hombre de mente muy justa: tomó solo la mitad de tu tesoro. Pudo haberlo tomado todo. Ha dejado la mitad de tu tesoro en tu bóveda; sencillamente lo dividió a la mitad.

»No es un ladrón. Las circunstancias lo obligaron a ser ladrón. Pero tú eres ladrón de nacimiento. Tu padre explotó a esta gente, el padre de tu padre explotó a esta gente; tú haces lo mismo. Por ustedes todo este lugar es pobre y muere de hambre.

»¿Qué quieres que yo juzgue? Los envío a los dos a la cárcel por seis meses. Soy injusto con el ladrón, porque él hizo algo muy pequeño, en tanto tú eres un criminal nato y robas todos los días a los pobres de diferentes maneras. Él hizo sólo un acto».

El hombre rico estaba molesto. No estaba acostumbrado a oír semejantes cosas; podía haber comprado a tres jueces de la suprema corte. Dijo: «Espera. Primero me gustaría ver al emperador». Hasta el emperador le debía dinero; cuando hubo necesidad, le dio dinero al emperador para invadir otros países o para defensa.

Fue con el emperador y le dijo: «¿Qué hombre es ése que pusiste como presidente de la suprema corte? Me va a meter a la cárcel por seis meses… ¡con el ladrón! Y dice que está siendo injusto con el ladrón porque él sólo ha cometido un acto de robo, y que nosotros hemos estado haciendo lo mismo en nombres diferentes durante generaciones; que toda nuestra vida consiste en explotación. Recuerda, si voy a la cárcel, mañana tu número va a crecer, porque, ¿de dónde has reunido todo este dinero, todo este imperio? Según ese hombre, tú eres un ladrón más grande que yo. Si quieres salvarte, echa a ese hombre».

Lao Tse fue relevado del cargo de inmediato. Comentó: «Les dije que yo no era idóneo, porque yo no funciono a través de la mente. Funcionar a través de la mente es juzgar. Yo funciono a través del silencio. Simplemente veo la realidad como es: sin prejuicios, sin opiniones, sin conclusiones alcanzadas de antemano».

Uno de los tribunales en Estados Unidos tenía una demanda en mi contra y el juez elegía a los jurados. Se necesitaban once jurados y tuvo que entrevistar a sesenta personas, eminentes personas de la región. Sencillamente preguntaba: «¿Puede estar libre de prejuicios hacia este hombre?». Decían que no; tenían una opinión sobre mí. Fueron rechazadas. No pudieron encontrar once jurados que pudieran decir bajo juramento que no estarían prejuiciados. Por fin el juez tuvo que tomar el caso en sus manos. Pero, ¿cuál es la garantía de que el juez no haga juicios? Todas esas personas tenían sus opiniones y proyectaban sus opiniones. La mente no puede hacer otra cosa.

Así, cuando los padres enseñan a sus hijos a no juzgar —y los hijos dejan muy en claro que sus padres están juzgando continuamente—, por un lado pierden el respeto de sus hijos, y por el otro los hijos se vuelven hipócritas. Los padres hacen juicios, pero comienzan a decir: «No estoy juzgando; simplemente estoy señalando el hecho».

No es sólo que se lo digan a otros, sino que se lo dicen a sí mismos. Se convencen de que es simplemente un hecho. Pero el problema es que incluso un hecho puede ser sólo opinión. En la opinión de alguien más puede que no sea un hecho, sino una ficción. Por ejemplo, Dios es un hecho para la mente de millones de personas, y yo digo que es ficción: la mayor ficción, la mayor mentira.

Uno puede pensar que algo es bueno, pero ha tomado la idea de bondad de otros: es prestada. Así que simplemente refleja la mente de la sociedad al decir que algo es bueno, algo es malo, algo es bello, algo es feo. Y uno está absolutamente seguro de que es un hecho.

Pero yo les diré cómo estos hechos desaparecen cuando los miramos un poco más en profundidad, con un poco más de atención. Por ejemplo, uno puede creer que cierta mujer es hermosa; no sólo puede uno pensarlo, tal vez todo un comité de jueces ha decidido que ella es Miss Estados Unidos o Miss Alemania, pero cada país tiene su idea de belleza. Como uno vive en cierta zona donde todo el mundo está convencido, junto con uno, nunca sospecha que podría haber otras personas que no la consideren bella.

En el Oriente, ninguna de esas mujeres elegidas en Occidente como las más bellas puede ser reconocida como la más bella. En Occidente se manejan esas cosas de modo muy mecánico: las proporciones del cuerpo en centímetros, su peso: cosas que otros individuos no consideran bellas. Cada sección tiene unas cuantas marcas: la belleza facial, las proporciones del cuerpo, el peso… Pero antes de enamorarse de una mujer, ¿alguien ha hecho arreglos para pesarla y medirla y luego decidir si en verdad es hermosa?

He visto las fotografías de esas mujeres y no puedo creerlo, porque en Oriente tan poco peso no sería aceptado como bello. El Oriente tiene un concepto diferente de una mujer. Uno puede ver las estatuas de Khajuraho. Eso les dará una idea de lo que el Oriente considera hermoso. La mujer debe tener algo de grasa, porque la función básica de la mujer es ser madre. En Occidente hace dieta para entrar en competencia, así que toda la carne desaparece del cuerpo y ella es sólo un esqueleto.

En el Oriente, una mujer un poco rolliza es aceptada, porque la grasa es la reserva, es alimento, y la función básica de una mujer es ser madre. Una mujer esquelética, por proporcionado que sea su cuerpo, no puede ser madre. No tiene grasa suficiente, porque durante nueve meses le será difícil comer; tendrá que vivir de su propia grasa. Si no tiene grasa es imposible que sea madre. Y necesita pechos para alimentar al niño. Eso es parte de su belleza en el concepto oriental.

Así, Oriente y Occidente no coincidirán en que la misma mujer sea hermosa. Y si uno considera otros países y otros continentes, como China, entrarán en juego distintos elementos. O en Japón, serán otras cosas: la gracia de la mujer… Ahora bien, una mujer que desfila casi desnuda frente a miles de personas no tiene gracia; casi está vendiendo su cuerpo. Todas esas competiciones son casi pornográficas. La gente va allí a ver distintas mujeres desnudas; no está interesada en el concurso. Pero en India o en Japón no se puede tener un concurso así. Se necesita una perspectiva por completo diferente. La gracia de la mujer será lo básico, y eso no está considerado en el concepto occidental de belleza.

Cuando los occidentales llegaron por primera vez a China, escribían cartas a sus casas: «Estas gentes no son humanas: no parecen seres humanos, son de un tipo muy extraño. Debe de ser algún otro animal que se parece un poco al hombre». ¡Porque nunca habían pensado que una barba con seis pelos fuera posible! Y no podían aceptar pómulos tan salientes.

Pero los chinos también escribieron sobre los occidentales que los visitaban, y los registros aún existen. «Parecen monos. Tal vez Charles Darwin tenía razón, pero tenía razón sólo con los occidentales, que evolucionaron de los monos. Su conducta es dispersa; su individualidad carece de gracia».

Los dos están juzgando. Los dos son enjuiciadores; ninguno es abierto. Ninguno mira al otro sin una opinión acumulada en la infancia, a partir de vivir en cierta sociedad con cierta clase de personas.

En India hay una sección de la sociedad hindú llamada Marwaris. Viven en Rajastán, pero sólo tienen allí sus casas; sus negocios están en toda India. De cuando en cuando van a casa; fuera de eso trabajan en todas partes. Son muy hábiles negociantes.

Yo solía tener familiaridad con una familia marwari. La hija se iba a casar, y la familia que iba a recibirla como nuera averiguaba sobre ellos en la ciudad: ¿qué clase de personas son? Y alguien dijo que deberían preguntarme porque yo era íntimo de esas personas. Así que me preguntaron. Me sentí perplejo, porque me hicieron una pregunta: «¿Cuántas veces han ido a la quiebra?».

—¡Es una extraña pregunta! —dije.

—No, no es extraña —contestaron—. En nuestra sociedad ésa es la forma en que contamos la riqueza de una persona. No vamos a la quiebra porque hayamos perdido el negocio o porque tengamos pérdidas; no, vamos a la quiebra cuando estamos en la cima. Cada bancarrota significa por lo menos un millón de rupias. Así que ésa es una forma simple de contar cuánto dinero tiene una familia. Si han ido tres veces a la quiebra, está bien. Si nunca han ido a la quiebra, entonces este matrimonio no puede realizarse, porque si no han ido a la bancarrota no tienen dinero suficiente para darlo en dote a la hija.

Esa forma de pensar es específica de ellos. No creo que nadie en el mundo piense que una persona que ha ido a la quiebra siete veces tenga alguna riqueza. Y cuando van a la bancarrota en un lugar, ese lugar se vuelve inexplotable para ellos. ¡Han explotado mucho a las personas y ahora han ido a la quiebra! Fingen que no tienen dinero, así que se mudan. Su verdadero hogar es Rajastán; los otros son sus lugares temporales donde ganan y van a la quiebra. Luego se mudan de esa ciudad a otra lejana, donde nadie sepa que han quebrado. Vuelven a empezar un negocio; de nuevo acumulan un montón de dinero y van a la quiebra.

Y todo el dinero que acumulan va a Rajastán, a su hogar. Esos otros lugares son sólo para explotación. Se mudan sin cesar. Cada marwari se muda en el curso de cinco a siete años, porque en esos siete años se ha ganado la confianza de la gente, ha logrado acumular dinero, ha pedido prestado, ha hecho cuanto ha podido, y entonces va a la quiebra.

Nadie más diría que la quiebra es buena, pero si uno es un marwari, ¡entonces tiene que ir a la quiebra cuantas veces pueda! Entonces su prestigio, su respetabilidad, se eleva. En cualquier otra parte, si uno va a la quiebra, el prestigio se derrumba.

Hay una tribu en India en la que, cuando casan a su hija con cualquiera —es una tribu aborigen—, preguntan cuántos crímenes ha cometido el muchacho, porque se cree que es signo de madurez. Ha ido a la cárcel, ha aprendido los caminos de la vida… en cualquier caso, la hija no morirá de hambre. ¡Dan a su hija a un estafador!

Cuando supe de esa gente… Hasta el asesinato es valioso porque significa que están dando a su hija a un hombre capaz de todo, incluso de matar. Su hija estará segura bajo su protección y no habrá problemas, porque es un ladrón, ha estado en la cárcel… lo sabe todo: cómo engañar a las personas, explotarlas, estafarlas. Ésos parecen ser sus méritos, pero sólo en su tribu. Fuera de esa tribu todo será condenado. ¿Quién va a casar su hija con un hombre que es un asesino o que ha visitado prisiones a menudo o que ha cometido toda clase de crímenes? Esos serían deméritos.

Si miras alrededor del mundo y ves los distintos condicionamientos de la gente, y sus ideas del bien y del mal, de lo correcto y lo incorrecto, podrás ver por primera vez que tu mente es también parte de cierta sección de la humanidad. No representa nada sobre la verdad; sencillamente representa a esa sección de la humanidad. Y a través de esta mente, cualquier cosa que ves implica un juicio.

Aun los jueces, que necesitan ser imparciales, no lo son: no pueden serlo. Debería ser una clara condición que antes de que una persona llegue a ser juez, debe pasar por la meditación profunda. Debe renunciar a su religión y a toda otra ideología política; debe renunciar al pasado. A menos que pruebe su vacuidad, que demuestre que ha salido limpio y puro, no será designado juez. Sólo entonces puede uno esperar que sus hallazgos estén basados en hechos… porque no tiene ciertas opiniones de antemano. De otro modo juzgará antes siquiera de haber escuchado. Ya desde mucho antes ha llegado a una decisión.

Y lo mismo ocurre con todo el mundo. Si tal es el caso con jueces, de los que se espera que estén absolutamente desprovistos de prejuicios, para dar igual oportunidad a ambos lados del caso, a todos los aspectos del caso, y que no inserten su propia opinión... ¡pero su opinión ya está allí!

Entonces puedo entender tu problema, pero ese bloqueo puede retirarse. Tus padres te enseñaron a no emitir juicios, así que has tratado de no hacerlo. Pero no puedes lograrlo, porque a través de la mente sólo puedes juzgar. Así que sólo cambiarás el nombre: dirás «Estoy asentando un hecho. Es el asentamiento de un hecho». Pero no puede ser el asentamiento de un hecho.

Con la mente nada es tu propia percepción real. Sólo con la meditación profunda, cuando te desconectas de la mente y puedes hacerla a un lado, puedes asentar el hecho, puedes asentar la verdad.

Así que lo que tus padres intentaban... intentaban lo correcto, con medios equivocados. Y eso es lo que tus padres han hecho con ellos mismos: «No hagas juicios». Pero, ¿qué puede hacer la mente? La mente no puede hacer otra cosa. Nadie te enseñó cómo ser una no-mente, y sólo de un estado de no-mente puede salir algo que sea simplemente el hecho, sin la interferencia de tus prejuicios.

En mis tiempos de preparatoria, casi todos los días me enviaban al menos una vez a la oficina del director para ser castigado por una cosa o por otra. En ese tiempo no pensaba —ni pienso ahora— que lo que había hecho estaba mal, pero el director, el maestro, tenían sus opiniones.

Por ejemplo, ¿qué podía tener de malo si llegaba montado a caballo? No creo que hubiera nada de malo en ello, aunque en esa parte del país nadie va a la escuela a caballo. Montar un caballo significa crear un caos. Todos los estudiantes se reunían y decían: «¡Vaya que has encontrado algo nuevo!». ¡Y el hombre a quien le había tomado el caballo venía corriendo detrás de mí! Yo no tenía un caballo propio. En esa ciudad no había caballos, excepto los que tiraban de cierto vehículo llamado *tanga*. Así que eran caballos de *tanga*, y siempre que no había tren en la estación todos los caballos esperaban frente a sus casas, comiendo hierba. Cualquier caballo servía: yo simplemente lo sujetaba y lo montaba hasta la escuela.

Mi punto de vista era: «¿Qué tiene de malo?» El problema de ellos era que yo creaba una perturbación innecesaria. Todas las clases paraban, ¡y los estudiantes corrían para ver qué había yo hecho hoy! Los maestros se ponían a gritar: «¡No salgan!», pero nadie hacía caso. El hombre gritaba: «¡Es mi caballo! Y ésta es la hora en que llega el tren y tengo que ir a recibir a los pasajeros... ¡y este muchacho ha saltado sobre mi caballo y lo trajo aquí!».

Yo le decía al dueño del caballo: «¿Cuánto te iban a dar los pasajeros? Yo te daré ese dinero... olvídate del tren. ¿Por qué haces ese escándalo innecesario? No ganas mucho dinero: si ganas una rupia por llevar a cuatro pasajeros del tren a la ciudad, eso será más de lo que esperabas. Así pues, toma una rupia y regocíjate porque no perderás tiempo yendo a la estación. Puesto que yo he tomado tu caballo, te daré una rupia. No te preocupes, pero primero déjame llegar a mi lugar».

Le daba una rupia a un hombre y estaba perfectamente feliz. «En ese caso puedes tomar mi caballo cuando gustes», dijo.

Al rector y al director les dije: «¿Lo ven?; el hombre está feliz, el caballo está feliz. Nadie se ha molestado. Si los estudiantes se han salido, eso es entre usted y los estudiantes. Pero en el código escolar no hay nada que prohíba a alguien llegar a caballo. He leído muchas veces el código escolar y he marcado pasajes en él, las lagunas que puedo aprovechar».

Dijeron: «Nunca habríamos pensado que alguien usaría el código escolar contra la escuela. Es verdad que ninguna regla lo prohíbe».

«Entonces, ¿por qué tanto enojo contra mí?».

Cada día era una cosa u otra. El director solía decirme: «Abre la mano», y me pegaba con su bastón. Hasta había dejado de preguntarme qué había hecho. Yo le decía: «Así está mejor. No me pregunte, porque después de preguntarme siempre me castiga, así que, ¿qué caso tiene? Me traen aquí, usted me castiga, y regreso».

Ésta es una sociedad muy torpe. Nadie sabe exactamente qué trata de hacer, o cómo puede hacerse. Todos dicen: «No juzgues», pero, ¿cómo evitar emitir juicios cuando por otro lado a uno le dicen a todo el mundo: «Esto está bien, esto está mal, esto es correcto, esto es incorrecto?».

Toda la enseñanza de la moralidad está basada en juicios, y de esa misma enseñanza esto también forma parte: «No hagas juicios». Se crea confusión, y la única forma en que el niño podrá sobrevivir a esta confusión es convertirse en hipócrita. Juzgará y dirá que no está juzgando. Creerá que su juicio es un acto válido. Pero la realidad es tal, que no hay hechos válidos: hasta la ciencia tiene sólo hechos relativos, no válidos. Sólo se puede decir que es hipotéticamente cierto. Mañana podría cambiar: una nueva investigación podría cambiarlo.

Hace unos cientos de años la ciencia era muy obstinada en decir que cualquier descubrimiento era una sólida afirmación de la realidad. Ya no es así. La situación ha llegado a un punto en que no se puede escribir un gran tratado de ciencia moderna, porque para el tiempo en que se termina el libro todo lo que se ha escrito ha quedado desfasado. Así que hoy día sólo hay pequeños periódicos y documentos que se imprimen y distribuyen de inmediato y se leen en conferencias, porque no se puede tener la certeza del mañana. Mañana alguien encontrará algún otro hecho y todo el trabajo anterior se vendrá abajo.

Todo es relativo.

La mente no puede encontrar la causa remota. No puede encontrar el hecho sólido, porque eso es lo que es la verdad. Sólo puede encontrar ficciones aproximadas que de algún modo ayudan a entender por el momento la realidad y a trabajar con ella.

Así pues, no lo conviertas en un problema y no trates de resolverlo al nivel de la mente. La mente está condenada a hacer juicios. No trates de hacer lo que no se puede. Lo que se puede hacer es salirse de la mente. Poco a poco ve más allá de la mente, y comienza a buscar un silencio testigo. Tal vez entonces lo que veas sea la verdad.

Hay una historia sufí de Junnaid. Uno de sus discípulos le dijo:

—Confío en ti absolutamente.

Junnaid contestó:

—No digas tal cosa porque aún estás en la mente, y la verdad absoluta no es una cualidad de la mente. Has venido aquí a mí para alcanzar el estado en el que puedes estar en confianza absoluta, pero por ahora no digas eso.

Pero el discípulo era terco.

—Confío en ti —dijo—. Y no es algo que se pueda sacudir o quitar. Puedo dar mi vida, pero no abandonaré mi confianza.

—Eso lo puedo creer —dijo Junnaid—. Puedes dar la vida, pero en lo que a la confianza se refiere, ya lo veremos después.

Unos días después el discípulo vio a Junnaid sentado con una mujer en el otro lado del lago. Fue una gran conmoción, porque los místicos sufíes no tienen permitido estar con mujeres. Y no sólo eso: la mujer servía vino a Junnaid en una copa. Junnaid tomó la copa y bebió. ¡Y los sufíes se oponen a toda clase de bebidas alcohólicas!

Fue demasiado. El discípulo fue al otro lado del lago y dijo a Junnaid:

—Has matado mi confianza.

—Te dije antes que la confianza de la mente no es de mucho valor —respondió Junnaid.

—No intentes ser todavía un maestro —dijo el discípulo—. ¡Has engañado a la gente! Estás bebiendo vino y estás sentado con una mujer.

Desde luego, la mujer estaba cubierta con un velo negro, como hacen las musulmanas.

Junnaid dijo:

—Prueba el vino. No es más que agua, pero pintada para que parezca vino.

El discípulo la probó. Estaba perplejo.

—Pero, ¿por qué lo hiciste?

—Quítale el velo a la mujer —dijo Junnaid—. Es mi madre.

El discípulo retiró el velo: era la madre de Junnaid. Cayó a los pies del maestro y dijo:

—Perdóname.

—No hay necesidad —dijo Junnaid—. Simplemente quería dejarte claro que no digas cosas a través de la mente que la mente no puede manejar: la verdad absoluta, la confianza absoluta. Bastó una mujer sentada a mi lado... si hubieras tenido confianza, no te habría molestado. No es asunto tuyo. Tú no eres mi maestro. No has llegado a ser mi discípulo con la condición de que no me siente al lado de una mujer. No has puesto la condición de que serás mi discípulo si no bebo vino; entonces, ¿por qué tendrías que molestarte?

El pobre discípulo no hacía más que repetir su condicionamiento social. Pero una cosa estaba clara ahora: decir cosas que la mente no es capaz de decir no es correcto.

Así pues, no necesitas molestarte por lo que tu padre te decía. Todo eso es pasado, sólo polvo en el espejo. Limpia el espejo y ven a un estado en el que prevalece el silencio. Entonces cualquier cosa que veas o digas será una aseveración de hecho, porque no tienes una opinión. Pero llevar contigo esas opiniones y tratar de no emitir juicios es luchar contigo mismo sin necesidad. Y esa lucha está bloqueando tu inteligencia.

Toda lucha te divide en dos. Cualquier lucha dentro de ti es peligrosa para tu inteligencia. Cuando no luchas con nada en tu interior, cuando todo está calmado y silencioso, tu inteligencia tiene todo su sabor, su agudeza y belleza. Y la inteligencia es nuestro único tesoro. A través de la inteligencia vamos a averiguar todo acerca de los misterios de la vida.

No crees un conflicto. Y no estés enojado con tu padre. Lo que hizo debió de ser lo que le hicieron a él. Los padres simplemente transfieren enfermedades de generación en generación; es un proceso inconsciente.

Tú puedes salir de ese círculo vicioso con sólo tener claro que ellos mismos no estaban conscientes de cualquier cosa que te hayan enseñado. Su intención era buena, pero crearon una confusión en ti.

Has dicho que lo correcto y lo incorrecto son determinados por cada sociedad. ¿No hay un bien y un mal universal?

No hay posibilidad de una división entre lo correcto y lo incorrecto en el nivel más alto de la consciencia universal, por la simple razón de que no hay divisiones en absoluto. Todo es uno.

En el Oriente, quienes han alcanzado la consciencia universal ni siquiera están dispuestos a decir que todo es uno, porque «uno» implica dos, tres, cuatro... toda la infinidad de números; uno es sólo el principio. De ahí que hayan usado un concepto muy extraño. Dicen que en la consciencia universal hay un *no-dos*: es no dual. Para evitar las implicaciones de uno, han usado un negativo: *no-dos*.

Los conceptos de correcto e incorrecto son locales, sociales, culturales. En cada sociedad, en diferentes tiempos, han tenido que cambiar sus conceptos porque las circunstancias cambiaron, los climas cambiaron; entonces, naturalmente, algo que era correcto se vuelve incorrecto, algo que era incorrecto se vuelve correcto. Pongamos algunos ejemplos.

Mahoma se casó con nueve mujeres, y dictó la regla de que cada musulmán debería casarse al menos con cuatro mujeres. No casarse con cuatro era caer por debajo del concepto musulmán de lo correcto; casarse con más era bueno. Nos parece una cosa extraña, pero era verdad en tiempos de Mahoma; ésa era la proporción entre hombres y mujeres en Arabia: cuatro mujeres, un hombre. La razón de esa extraña proporción era que los hombres peleaban y se mataban continuamente, y se consideraba indigno de un hombre matar a una mujer, así que las mujeres sobrevivían y los hombres perecían.

Cuando en una sociedad hay cuatro mujeres por cada hombre, se perfila un gran problema: sólo una mujer conseguirá marido. Las otras tres van a sabotear el matrimonio en todas las formas posibles. Se volverán prostitutas, y habrá muchos celos y mucho conflicto… Para evitar esto, Mahoma creó una regla moral, pero es aplicable sólo en esa circunstancia.

Ahora bien, que los musulmanes se casaran con varias mujeres en otros países era sencillamente tonto, porque las circunstancias han cambiado. Ahora hasta en Arabia la proporción es igual: una mujer por cada hombre. Parece que una vez que cierta regla es aceptada, la gente se vuelve tan adicta a ella que olvida por completo en qué circunstancias se creó.

En tiempos de Mahavira era perfectamente correcto en India permitir que millones de sannyasins fueran célibes. Era algo no sólo moral sino, pensaban, también espiritual. Pero si uno observa el mecanismo del concepto, todo resulta muy claro. En tiempos de Mahavira había menos mujeres y más hombres. La razón era que en esos días en India muchas tribus solían matar a las niñas cuando nacían, para evitar el problema de criarlas y casarlas después. Era un gran problema porque sólo era posible casarlas si se daba bastante dinero y tierras junto con la chica al hombre con quien se casaría, a menos que ella fuera excepcionalmente hermosa, lo cual rara vez ocurría. Y la gente era tan pobre, que no podía permitirse tener una docena de hijas. Les era sencillamente imposible salir adelante.

No se les puede culpar por matar a las niñas; era mejor que dejarlas para pedir limosna en las calles, o para que se volvieran prostitutas. Era mejor, pero entonces surgió el problema de que había menos mujeres y más hombres; de ahí que no se objetara el celibato; por el contrario, se ensalzaba. Pero si uno lo observa, no había nada espiritual en ello, nada moral; eran simplemente ciertas circunstancias. Querían que muchos hombres permanecieran sin casarse. ¿Cómo lograrlo? A menos que se diera al celibato cierto prestigio, un estatus más elevado que al matrimonio, a menos que se le pusiera en un pedestal de santidad, era imposible que la gente permaneciera soltera. No se le podía decir simplemente: «Hay menos mujeres y más hombres; observen las cifras y permanezcan solteros. Hagan un servicio a la sociedad».

No se puede esperar que la gente esté preparada para hacer tal servicio a la sociedad. No, hay que darle algún incentivo; el celibato se ofreció como incentivo. Sólo los célibes llegarían al cielo. Los casados eran mundanos, ordinarios; los célibes eran ajenos al mundo, espirituales. Se les respetaba, se les rendían grandes honores, se les reverenciaba casi como dioses.

Eso continúa hasta hoy, aunque la situación ha cambiado. Ahora en India la proporción es exactamente la misma. Si uno permite que la naturaleza se manifieste, si no interfiere con ella, la naturaleza siempre mantendrá el equilibrio en todas formas; nunca pierde el equilibrio. El equilibrio es algo fundamental para la existencia, en todas las dimensiones. Cuando nacen cien niñas, ciento diez niños nacen al mismo tiempo, porque los niños no son tan fuertes en lo concerniente a resistencia a la enfermedad. Las niñas son más fuertes, no en lo muscular, sino en forma por completo diferente. Son más resistentes a la enfermedad, a la muerte. En todo el mundo la proporción es la misma: ciento diez niños por cada cien niñas, porque cien niñas sobrevivirán hasta la edad casadera, pero diez niños se perderán. Para el tiempo en que lleguen a la edad de casarse el equilibrio se habrá recuperado.

Les sorprenderá saber que, en tiempos de guerra, cuando mueren muchos más hombres porque van al frente, a la guerra, la proporción de mujeres se eleva en forma natural. Pero en las dos guerras mundiales se ha descubierto que también la tasa de nacimientos cambia. La naturaleza, en forma extraña, mantiene el equilibrio. En tiempos de guerra, y por unos años después de la guerra, nacen pocas niñas y más niños. Después el equilibrio vuelve a restablecerse, la misma proporción: cien niñas, ciento diez niños.

El celibato fue predicado por Buda, Mahavira, Shankara, todos los grandes maestros de India. Y la razón por la que parecía correcto y nadie objetaba fue porque servía a la sociedad de modo muy sutil. Pero hoy día no es así.

Les dije a los monjes jainas, a los bikus budistas y a los sabios hindúes: «Ahora no se debe tributar el mismo respeto al celibato; hoy día es peligroso ensalzar el celibato, porque mientras más se alabe, más mujeres permanecerán sin casarse. ¿Qué van a hacer? ¿Qué le ocurrirá a su instinto biológico? Las están obligando a encontrar una forma pervertida, algo desagradable, en nombre del celibato».

Dijeron: «Nunca pensamos en el celibato de esa forma, que fuera una condición social».

Respondí: «Sea que hayan pensado en él así o no, todos los bienes y males son productos de la sociedad». Por ejemplo, de todos los pueblos del mundo, sólo India, una minoría muy pequeña, es vegetariana, por la sencilla razón de que si todo el mundo se vuelve vegetariano no podríamos sostener a la población existente; es imposible. Sólo grupos pequeños se pueden volver vegetarianos; la mayoría seguirá siendo no vegetariana, tiene que seguir siéndolo.

Hasta ese pequeño grupo que se vuelve vegetariano tiene que recibir incentivos. No está haciendo nada grandioso, sólo está comiendo vegetales. ¡Y qué! Coman bien, disfruten. No creo que sólo por comer hierba estén alcanzando alguna cualidad espiritual, que llegarán al paraíso sólo por ese mérito. No es nada grandioso, pero se requiere algo grandioso para hacer que la gente coma hierba toda su vida. Si uno simplemente dice que es un valor estético… eso es lo que yo digo. Mi gente es vegetariana por una razón estética. Yo no puedo concebir a alguien que coma carne, que destruya su vida por su gusto, que mate millones de animales cada día. Yo sé que es imposible mantener a toda la población del mundo con una dieta vegetariana a menos que la ciencia ayude y proporcione nuevas formas, medios y métodos; entonces sería posible. Pero el problema sería cómo convencer a la gente de que comer alimentos no vegetarianos es feo.

La gente no es sensible a la belleza, a la estética, al arte; es codiciosa. Puede estar dispuesta si se le dice: «Llegarás al paraíso si dejas de comer este alimento; el alimento que comes va a evitar que encuentres la dicha eterna». Hay que darles algo tan grande que su deseo de probar se vuelva tan pequeño que por pura codicia estén dispuestos a cambiar. Eso es lo que las religiones han hecho.

En India dos religiones han intentado el vegetarianismo. Una es el jainismo, que lo ha practicado con fanatismo; el resultado final ha sido que el jainismo siguió siendo una comunidad pequeña. El monje jaina no puede salir de India a enseñar porque, ¿quién le va a proporcionar comida vegetariana? No puede comer nada no vegetariano, y la mayor parte del mundo es no vegetariana. Por tanto, el jainismo siguió confinado a India. Sólo unos cuantos —creo que dos o tres monjes jainas, personas muy osadas— arriesgaron la vida y llegaron a Egipto. Es el único caso en toda la historia, cuando tres monjes jainas trataron de contactar con el mundo exterior. Y sabemos de esos tres monjes jainas por Pitágoras, porque Pitágoras iba hacia India a través de Egipto. Él conoció a esos tres monjes en Egipto; se refiere a ellos como zenosofistas, lo cual parece una traducción perfectamente correcta de un filósofo jaina: zenosofista.

No podía ser nadie más porque la descripción era de un monje jaina. Estaban desnudos, y sólo comían vegetales y frutas. Les era muy difícil conseguir alimento cada día porque tenían que pedir… el monje jaina vive de la limosna. A veces alguna persona amable les proveía porque decían: «No podemos comer otra cosa». Así que sólo hay referencia en Pitágoras, que encontró a tres monjes jainas en Egipto; fuera de eso los jainas nunca cruzaron las fronteras de India, porque ¿quién iba a proporcionarles alimento? ¿Cómo iban a vivir?

Los budistas también enseñaban vegetarianismo, pero al cruzar las fronteras de India todos se volvían no vegetarianos; tenían que hacerlo, no había otra forma de sobrevivir.

Una pequeña sección de hindúes, la clase más alta de hindúes, los brahmanes, son vegetarianos... pero no todos los brahmanes. Los brahmanes de Cachemira son no vegetarianos porque viven en una comunidad de musulmanes: noventa y dos por ciento musulmana, ocho por ciento hindú. Les es muy difícil sobrevivir. Tienen que estar en cierta armonía con la comunidad en la que viven. Es una mayoría muy grande, y tienen que depender de ella para todo. Si los musulmanes simplemente los boicotearan, perecerían.

En Bengala los brahmanes no comen carne, pero comen pescado, porque en Bengala es difícil sobrevivir sin comer pescado; el pescado es el alimento principal: pescado y arroz. En el sur de India los brahmanes comen pescado por el mismo problema: sin pescado la comida no alcanza.

Así pues, no puedo decir que el vegetarianismo es algo universalmente correcto. Soy una persona absolutamente no fanática. No soy fanático de nada. Trato de ver todos los aspectos de una cosa y soy en extremo liberal, humano. No intento hacer ningún principio más valioso que la humanidad misma.

Nada está por encima del hombre. Nada debe estar por arriba del hombre.

Así pues, todos estos conceptos de lo correcto y lo incorrecto son sociales, climáticos. Por ejemplo, en el Tíbet... el libro sagrado de los tibetanos dice que un baño de tina al año es absolutamente necesario. En el Tíbet incluso eso es tarea difícil, y muchos deben de estar tratando de evitarlo... incluso ese solo baño al año.

En India una persona toma dos baños de tina cada día, y hay personas que toman tres; yo mismo solía tomar tres cada día. Cuando un monje tibetano fue mi huésped, no podía creerlo. Dijo: «¡Estás perdiendo toda tu vida en tomar baños! En la mañana, en la tarde, y en la noche antes de dormir… ¡tres veces! En Tíbet una vez al año es suficiente».

«Lo sé», le dije, porque uno de mis amigos, un profesor, el doctor Rajbali Pandey, estudiaba traducciones del sánscrito al tibetano. Era erudito en ambos idiomas, así que trabajaba en eso. Fue al Tíbet. Le dije —era brahmán —: «Vas a tener problemas». Y él era un brahmán muy ortodoxo: muy temprano, a las cinco de la mañana, tomaba un baño frío; luego la oración, el ritual religioso… sólo entonces podía tomar una taza de té.

Fue y regresó. Se quedó sólo un día en el Tíbet, aunque le llevó tres meses ir y venir porque tuvo que viajar a caballo. ¡Viajó tres meses para quedarse un solo día en el Tíbet!

«¿Qué pasó?», le pregunté.

Contestó: «Aun un baño temprano, a las cinco de la mañana, fue tal experiencia que dije, es mejor que me vaya pronto, porque no puedo ir contra mis reglas. Cuando mi padre iba a morir le prometí que seguiría todas las reglas ortodoxas de mi familia: ese baño de las cinco de la mañana es el principio del día, ¡y allá hace tanto frío que me mataría!

En el Tíbet, la gente tarda años sin cambiar de ropa, porque no hay polvo, no hay traspiración. El aire es tan limpio como pueda imaginarse. Es el país más elevado en lo que a altitud se refiere. Vive en el aire más puro; nada de contaminación. ¡No es Los Ángeles! Así que no hay necesidad de un baño cada día. Pero la dificultad es que mi amigo insistió en continuar su idea, que era producto de un ambiente indio en el que hay tanto polvo y traspiración que es perfectamente correcto darse dos baños, uno en la mañana y otro en la tarde. Y, si uno se lo puede permitir, tres.

Ese tibetano que se hospedaba conmigo no se cambiaba de ropa. Le dije: «¡Me vas a volver loco! Apestas. Esto en India, no el Tíbet».

Y sus ropas… no es sólo un vestido, son capas de vestidos: cuatro, cinco, seis capas de vestidos. Y no se daba un baño porque su religión sólo requiere un baño. Darse un baño diario iba contra su religión.

Le dije: «¡Tonterías! Tu religión simplemente dice que debes darte al menos un baño cada año; no te prohíbe bañarte dos o tres veces en el año; no dice nada al respecto».

«Que no diga nada al respecto significa que no se supone que hagamos tal cosa; de otro modo los sabios lo hubieran dicho». «¡Esos sabios nunca vinieron a India! —le dije—. Y si quieres quedarte conmigo tendrás que darte dos baños diarios, de otro modo, ¡vete!»

Prefirió irse que cambiar. La gente toma como espirituales las ideas locales, geográficas y sociales, lo cual es una tontería.

No hay nada universalmente correcto, no hay nada universalmente incorrecto. Y uno debe tenerlo bien claro: todo es muy relativo, relativo a muchas cosas.

Preguntas: «¿Hay algo universalmente correcto e incorrecto?».

El hombre que llega a conocer lo universal, que se vuelve tan despierto que ya no es parte de ninguna geografía, ningún cuerpo, ninguna mente, es puro despertar... en ese estado nada es correcto, nada es incorrecto. El hombre en ese estado tendrá también que funcionar en niveles más bajos. Si tiene hambre, tendrá que comer; si tiene sed, tendrá que beber. Tendrá que vivir en alguna sociedad, con ciertas personas. El hombre que ha despertado es muy ajustable, infinitamente ajustable, porque nada hay en él que le impida ajustarse. Es libre de toda condición, de toda barrera. Lo único para él es ver qué es aplicable en este caso particular. No vive de acuerdo con principios.

Sólo los idiotas viven de acuerdo con principios, sólo la gente inconsciente necesita principios. Es como el báculo de un ciego. El ciego necesita el báculo para ir tanteando su camino porque no tiene ojos. Pero cuando tienes ojos puedes tirar el báculo.

He escuchado —no sé si es cierto o no, pero sin duda es significativo— que Jesús curó a un ciego que había llegado con su báculo. Estaba curado, podía ver; dio las gracias a Jesús y comenzó a alejarse, todavía llevando el báculo.

«Al menos deja el báculo conmigo —le dijo Jesús—. Ahora tienes tus ojos». «Pero sin el báculo será muy difícil encontrar el camino», contestó el ciego. Aún no tenía idea… sus ojos eran tan nuevos, que no tenía idea de que ya no necesitaba el báculo.

Sariputta, uno de los discípulos de Buda Gautama, se volvió un iluminado cuando Buda aún vivía, y continuó siguiendo los viejos principios que le habían dado antes de su iluminación. Buda tuvo que llamarlo y decirle:

«Sariputta, ¿estás loco o qué? Ahora que eres un iluminado no necesitas seguir esos principios que te dieron cuando eras inconsciente; puedes dejarlo».

Pero Sariputta en realidad era un genio, de la misma calidad que Buda Gautama. Contestó: «Maestro, tienes razón, puedo dejarlos; pero no los voy a dejar, por la sencilla razón de que hay millones de personas inconscientes a mi alrededor. Si ven que los dejo, todos comenzarán a dejarlos. ¿Qué pasará con ellos? Para mí no será problema en absoluto; estoy acostumbrado a esos principios, no me causan dificultades. Sé que dejarlos no hará ninguna diferencia; llevarlos tampoco hará diferencia. Es muy amable de tu parte hacérmelo notar, pero yo estaba al tanto de ello».

En su discurso a sus diez mil sannyasins, la mañana siguiente, Buda concedió: «Sariputta tiene razón. No es que yo no estuviera mal: me preocupaba que después de su iluminación, ¿por qué llevaba esos principios que se le dieron como sustituto de la iluminación? Ahora no necesita llevarlos, puede dejarlos simplemente. Puede vivir ahora en completa libertad por sí mismo. Puede vivir con espontaneidad. Así que estaba preocupado y lo llamé, pero él me hizo notar algo significativo, y me gustaría que todos ustedes recordaran que lo que él dijo es verdad. Puede dejarlos, pero no los deja por compasión hacia los que son inconscientes. Al ver que Sariputta los deja pensarían: 'No hay problema; si Sariputta puede dejarlos, nosotros podemos dejarlos'. Ellos no saben que Sariputta es ahora uno de los iluminados y ellos no. Así que apoyo a Sariputta y quiero que ustedes recuerden esto: cuando ustedes sean iluminados, recuerden a todas esas almas a su alrededor que van a tientas en la oscuridad. Dejen todo lo que no cause daño a la gente que los rodee, y con otras cosas no habrá problema para ustedes: con su libertad pueden escoger seguirlas si con eso ayudan a alguien en cualquier parte».

Sariputta solía ir a propagar la palabra de Buda, pero dondequiera que estuviese, cinco veces al día se inclinaba en la dirección donde Buda estuviera viviendo y hacía su *gachchhamis*. «Buddham saranam gacchami» («Me inclino a los pies del iluminado» o «Voy al Buda en busca de refugio»).

Muchas veces le preguntaron: «Ahora tú has sido iluminado, no hay necesidad de que te pongas a los pies de otro iluminado».

«Sé que no hay necesidad para mí —contestaba Sariputta—, pero para ustedes sí hay necesidad. No hago este *gachchhami* para mí, sino para ustedes. Si me detengo, será excusa suficiente para que ustedes se detengan. Y, en segundo lugar, soy iluminado a causa de ese hombre; sin él no creo que hubiera ocurrido en esta vida. Si le preguntan dirá: 'No tengo nada que ver con eso, porque nadie puede hacer que otro sea iluminado… es obra del propio Sariputta. Y tiene razón; él no me obligó a ser iluminado. Pero su sola presencia fue suficiente para sacarme de mis sueños, de mis pesadillas, de mi adormilamiento. No hizo nada».

El maestro es sólo un agente catalítico, igual que la salida del sol en la mañana: los pájaros comienzan a cantar. No es que el sol llegue al nido de cada ave y llame a la puerta o toque el timbre para decir: «¡Ya es hora, levántate y canta!».

Las flores comienzan a abrirse, a soltar su fragancia; no es que nadie les diga: «Es de mañana y tienen que hacerlo»; la sola presencia del sol es un agente catalítico. El sol no hace nada, pero millones de cosas ocurren con su sola presencia.

El maestro es exactamente eso: un agente catalítico. No hace nada, pero millones de cosas ocurren en torno a él. Ocurren a causa de él, pero no son causadas por él... y la diferencia es grande.

Esas cosas... las personas a las que les ocurren pueden sentir gratitud, van a sentir gratitud, pero el maestro no puede esperar gratitud de nadie. Es imposible siquiera pensar en ello, porque él no ha hecho nada. Él no lo ha hecho, pero te ha ocurrido a ti, y te ha ocurrido a causa de él. Desde tu lado es perfectamente correcto sentir gratitud, pero de su lado sería absolutamente incorrecto solicitarla o esperarla. Entonces, de hecho, no sería un maestro. Entonces lo que te ha ocurrido a ti debió ocurrir por otra razón, estabas equivocado. Sí, muchas veces ocurrió que el maestro no era un maestro de verdad, pero aun así el discípulo se volvió un iluminado.

Se cuenta una bella historia acerca de Marpa... una historia tibetana. Él estaba con su maestro, quien no era un maestro en absoluto, sólo un estafador, que engañaba a personas crédulas. Marpa era tan inocente que se rindió a ese engañador. Su rendición fue total, no había duda en su mente; era como un niño pequeño. En el curso de unos cuantos días todos los demás discípulos se enojaron mucho con Marpa. Le dijeron al maestro: «Este hombre es peligroso; parece ser una especie de mago, porque hace cosas que no se supone que se deban hacer. ¡Camina en el agua, vuela desde la cima de una montaña hasta la cima de otra montaña!».

El maestro dijo: «Eso no se puede hacer, va contra la naturaleza. ¡Llamen a Marpa!».

Marpa fue llamado y le preguntaron: «¿Cómo haces esas cosas? ¿Eres mago?».

«No —dijo Marpa—, sólo lo hago usando tu nombre. Tomo tu nombre y digo: 'Mi amado maestro, déjame pasar sobre el río caminando', ¡y camino! Es sólo la gloria de tu nombre».

El maestro estaba en un gran apuro: ¿qué podía hacer? Pero una idea natural vino a su mente: «Si puede caminar sobre el agua tomando mi nombre, yo puedo caminar, por supuesto, sin duda alguna».

Lo intentó… y se ahogó de inmediato. Ese hombre no era auténtico, pero lo que ocurrió a Marpa fue auténtico. Su confianza era total: la transformación llegó a través de la confianza. Pero, naturalmente, entendió mal y creyó que venía del maestro.

Así ha ocurrido muchas veces que han habido maestros falsos y discípulos verdaderos. Lo contrario siempre ocurre: maestros verdaderos y discípulos falsos: eso es universal, no es algo especial. Pero aquello es posible porque lo verdadero ocurre dentro del discípulo; cualquier cosa puede desencadenarlo. La presencia del maestro lo desencadena.

Y una vez que has probado la consciencia universal, sabes de inmediato que no hay nada correcto, nada incorrecto. Por tanto, ha sido uno de los grandes problemas en el curso de los siglos: ningún gran maestro es similar en sus pautas de vida. No se puede encontrar gente más diferente entre sí que los maestros religiosos, porque viven con libertad, sabiendo que nada es correcto y nada es incorrecto.

Recuerdo una historia acerca de Kabir. Kabir era un hombre pobre, un gran maestro. Su esposa y su hijo estaban en constantes problemas por este extraño padre, porque cada mañana llegaban cientos de devotos. Kabir cantaba canciones, bailaba. No era instruido, nunca dio un sermón, pero bailaba; cantaba —canciones sencillas, pero de tremenda belleza, de inmensa profundidad— y bailaba. Y toda la congregación cantaba y bailaba con él, y así continuaba durante horas. Y entonces llegaba la hora de comer y les decía a todos: «Por favor no se vayan; compartan el almuerzo de su pobre maestro». Y la esposa y el hijo estaban en problemas: ¿de dónde sacarían comida para tanta gente cada día? Era difícil arreglárselas incluso para ellos tres.

El hijo era también una persona singular que llegó un día a ser un maestro por sí mismo. Pero era del todo diferente a Kabir; nunca estuvieron de acuerdo en nada. Kabir estaba tan hastiado de Kamal que escribió: «Sólo porque Kamal nació de mí, toda mi herencia está acabada. Este hijo no puede llevar los tesoros que voy a darle», porque Kamal tenía sus propios modos y no concordaba con él en nada.

Para Kamal todos esos cantos y danzas eran tonterías. Él decía: «Con sólo estar en silencio puede ocurrir... ¿por qué hacer tanto ruido sin necesidad y perturbar a los vecinos? Y no veo que se tengan que pasar horas bailando. En la edad avanzada... y por causa tuya otras personas, ancianos, también bailan y se cansan».

Nunca participó en ninguna danza, nunca participó en el canto. Decía: «No hay necesidad; el silencio es canción suficiente. Y sentado en silencio conozco una danza mucho más hermosa que las que haces aquí».

Llegó un momento en que le dijeron a Kabir: «Deja de pedirle a la gente que se quede a almorzar. Hemos pedido prestado a toda la gente del pueblo. Ya nadie nos quiere dar nada porque dicen: '¿Cómo nos lo van a devolver?'. No tenemos nada en la casa; tienes que dejar de hacerlo».

«Eso es imposible —dijo Kabir—, porque después del canto y el baile y tan hermosa celebración, no ofrecer comida a la gente que viene a mi casa a almorzar... No, no puedo hacer eso. Encuentren algún modo. ¿Qué clase de hijo eres tú? ¿No puedes encontrar algún modo?

Kamal dijo: «La única forma ahora es volverme un ladrón». «¡Estupendo! —respondió Kabir—. ¿Cómo no se te ocurrió antes?».

Eso es la consciencia universal. Ni siquiera robar es incorrecto. Ni siquiera la gente que seguía a Kabir en India —tiene una religión pequeña, muy pequeña— menciona esta historia. Un día que hablé a sus seguidores y mencioné la historia, el sumo sacerdote murmuró en mi oído: «Por favor no cuentes esa historia porque nos mete en problemas... Kabir diciendo que robar es una gran idea».

Pero Kamal era un hombre en verdad extraordinario. Ése es el significado de la palabra «kamal». Significa extraordinario, excepcional. No se iba a detener sólo por la extravagancia de Kabir al decir «¡Estupendo!».

«Muy bien —dijo—. Esta noche saldré, pero tendrás que venir conmigo. Haré lo que pueda, y tú intenta ayudarme. Por lo menos puedo sacar cosas de la casa; tú puedes traerlas desde fuera de la casa hasta la nuestra. Eso puedes hacer». «¡Perfectamente bien», dijo Kabir.

Así pues, fueron a la casa de un hombre rico. Desde la parte de atrás Kamal hizo un hoyo en la pared y Kabir estaba sentado afuera, cantando su canción en voz baja.

Kamal dijo: «Esto es extraño. Deja de cantar. Ahora somos ladrones, aquí no somos santos». «Somos lo mismo donde quiera que vayamos —respondió Kabir—; no importa qué estemos haciendo. Tú haz lo tuyo y déjame hacer lo mío. Cuando traigas las cosas, las llevaré. Estoy viejo; de otro modo entraría contigo.

Así pues, Kamal entró. Llevó su lógica hasta el fin. Trajo cosas, las dejó caer desde el hoyo y le dijo a su padre: «Aquí están las cosas...».

Había sacado medio cuerpo por el hoyo para decirlo. En ese momento la gente de la casa, los sirvientes, despertaron. Todo esto ocurría —el muro roto y alguien cantando— y cuando Kamal entró, Kabir olvidó por completo dónde estaba. Comenzó a cantar y bailar tan fuerte que la gente despertó.

Salieron, atraparon a Kamal por las piernas... porque tenía la mitad del cuerpo dentro. La historia es muy extraña, no pueden ser los hechos exactos.

Kamal dijo: «Padre, llévate esas cosas. Me han atrapado, esa gente me tiene sujeto por las piernas. Me has puesto en suficientes problemas, éste es el último... ¡adiós! Ahora voy a terminar en la cárcel».

Kabir dijo: «¿Cárcel? No hay necesidad de terminar en la cárcel. Traje un cuchillo».

«¿Qué quieres decir?», espetó Kamal. «Te cortaré la cabeza y la llevaré conmigo. ¡Nadie sabrá quién era el ladrón!».

Kamal no podía creerlo. Pensaba que estaba llevando su lógica hasta su conclusión... ¡pero este anciano en verdad llevaba la lógica hasta el final!

Pero Kamal era un hombre de temple; dijo: «¡Está bien, córtame la cabeza!».

Aun esperaba que no ocurriera, pero Kabir le cortó la cabeza y se la llevó a casa junto con las cosas que Kamal había dejado caer.

Los pobres sirvientes metieron a tirones el cuerpo de Kamal. Vieron que faltaba la cabeza y dijeron: «Esto es un problema. ¿Quién es este hombre?».

Un sirviente dijo: «Hasta donde sé, creo que es el hijo de Kabir, Kamal, y la voz que me despertó era la de Kabir. Debió de haber estado afuera. Pero es extraño que participara en un acto así... es un gran sabio. Y su propio hijo... ¡y parece que le cortó la cabeza y se la llevó!».

El sirviente solía ir de cuando en cuando a la congregación de Kabir, la reunión de devotos que se efectuaba cada mañana. Dijo al hombre rico: «Haga una cosa: mañana en la mañana, cuando Kabir y sus seguidores vayan al Ganges a darse su baño matutino antes de comenzar a cantar y bailar, cuelgue este cuerpo en el cruce de caminos».

El hombre rico dueño de la casa contestó: «Pero, ¿qué se logrará con eso?».

«Nada más hágalo —dijo el sirviente—. No causará daño».

Y el cuerpo fue colgado en el cruce de caminos.

Cuando Kabir llegó bailando y cantando, después del baño, Kamal levantó la mano de inmediato y dijo: «¡Basta de tonterías!».

Así es como reconoció a Kamal… ¡Kamal, sin duda! Y le preguntaron a Kabir: «¿Lo reconoces?». «Por supuesto —dijo Kabir—, porque su cabeza está en mi casa; yo mismo la corté».

El hombre rico no podía creerlo: «Pero se supone que eres un santo».

«No se supone… ¡lo soy! Si sólo 'se supusiera' que soy un santo no habría participado en ese robo. Y no habría asesinado a mi propio hijo si sólo 'se supusiera' que soy un santo. En verdad soy un santo y, en la cúspide de mi consciencia, nada importa. Tu dinero no es tu dinero, así que, ¿qué tiene de malo tomarlo? Nada pertenece a nadie, así que, ¿qué tiene de malo robar? Y este hijo iba a morir tarde o temprano, así que, ¿qué de malo tiene cortarle la cabeza? La muerte va a ocurrir. En mi consciencia nada es correcto ni incorrecto».

Los seguidores de Kabir niegan esta historia. Tal vez después de quinientos años yo fui el primer hombre que comenzó a contarla en India, y los seguidores de Kabir estaban muy enojados. «Sabíamos que algo así había, pero no estaba escrito en nuestros registros, y nadie lo repite porque parece ser muy extraño… robar, matar, que Kabir participara en eso… ¿Qué ocurrirá con lo correcto y lo incorrecto?».

Les dije: «Tienen que entender que lo correcto y lo incorrecto pertenecen a los valles oscuros de la vida. No pertenecen a las cumbres nevadas de la consciencia. Sí, esta historia es peligrosa, difícil y dañina en los valles oscuros, pero, ¿quién insiste en que ustedes permanezcan en los valles oscuros? Vengan a las cumbres nevadas. Éste es el mensaje de la historia: ¿por qué vivir en un mundo dividido entre lo correcto y lo incorrecto? ¿Por qué no moverse a un mundo de unicidad, donde nada es correcto y nada es incorrecto?».

El hombre de consciencia universal no sigue ningún principio, pero todo lo que hace es correcto, y todo lo que evita es incorrecto. Eso es para los que están en el valle. Ellos pueden tratar de imaginar qué hace el hombre de consciencia pura: eso es correcto. Y qué es lo que evita: eso es incorrecto. Lo evita sólo por ustedes; para él no hay nada que evitar. Por compasión evita cualquier cosa; fuera de eso para él todo es muy simple, indiviso, uno.

Puedo entender tu pregunta. En tu vida encararás a cada momento la elección de qué hacer, qué no hacer. En el mundo oscuro donde vive la humanidad, cada momento es un momento de decisión: qué hacer, qué no hacer. Y el problema es que cualquier cosa que hagas resulta incorrecta. Cualquier cosa que hagas, tienes que arrepentirte, por la simple razón de que la existencia es una e indivisa. En tu inconsciencia la divides en dos, lo correcto y lo incorrecto. Tu división es arbitraria. Así que haces lo que piensas que es correcto, y no haces lo que piensas que es incorrecto.

Pero lo incorrecto es una parte indivisible de lo correcto, así que tarde o temprano cobrará venganza. Empezarás a sentirte culpable de por qué hiciste esto y no aquello, por qué escogiste esto y no aquello... tal vez eso era lo correcto... En tu estado vacilante estás propenso a pensar: «Tal vez lo que no hice era lo correcto». No puedes estar seguro de lo que haces porque no estás seguro de lo que eres.

Ser viene primero, y una vez que el ser se realiza, todo el hacer es correcto: no importa lo que hagas. Pero en los valles oscuros de la inconsciencia, hacer es primero... y ése es tu problema. Una cosa es correcta en este momento; en el siguiente momento la misma cosa no es correcta. Entonces estás dividido continuamente. Ayer hiciste algo pensando que era correcto; hoy descubres que no lo era. Ahora no puede deshacerse, estará sobre ti toda tu vida. Y no pienses que si hubieras hecho lo otro, las cosas serían diferentes: no, en absoluto.

He visto personas casadas que sufren y continuamente piensan que si hubieran elegido continuar solteras, habría sido lo correcto. Y conozco personas que permanecieron solteras y se preocupan continuamente: tal vez se están perdiendo las verdaderas alegrías de la vida; habría sido distinto si se hubieran casado. La gente que tiene hijos se ve constantemente acosada por ellos. La que no tiene hijos se ve constantemente acosada porque no los tiene: se está perdiendo de algo.

Parece que en este mundo no se puede estar en el lugar correcto, haga uno lo que haga. Adonde quiera que uno vaya siempre llega adonde no debe. Parece muy extraño, pero no lo es, es muy matemático. Porque estás equivocado, adonde vayas, hagas lo que hagas, resulta estar equivocado. No puedes hacer lo correcto quedándote como eres.

Así pues, mi énfasis no está en la acción. Todas las religiones en el mundo enfatizan la acción: haz la acción correcta.

Primero, sé; entonces la acción correcta sigue por sí misma.

¿Debería haber una diferencia en las normas morales y legales en la cuestión de declarar a una persona culpable de un crimen?

Habrá que entender tres palabras. Una es «religión» o «espiritualidad», la segunda es «moralidad» y la tercera es «legalidad». La religiosidad o espiritualidad no tiene ideas morales; está más allá de lo moral y lo inmoral, más allá de lo correcto y lo incorrecto. No tiene conciencia; mana de la consciencia pura. Hay un tremendo despertar, y uno actúa a partir de ese despertar. Siempre que una acción surge de la percepción, es inevitablemente buena.

Pero el hombre vive fuera de la percepción. Toda la vida del hombre está llena de inconsciencia; es casi como un robot. Ve y sin embargo no ve, oye y sin embargo no oye. Es, pero sólo en un sentido literal; no en verdad, no como un buda o un cristo o como Zaratustra, o como Dionisio, Pitágoras, Heráclito. No, no existe con esa intensidad, con esa percepción, Por tanto, la moralidad se vuelve casi una necesidad; es un sustituto. Cuando no se puede obtener lo real, lo mejor es tener algo irreal que no tener nada en absoluto, porque la gente necesita cierto código de conducta. Si fluye de la consciencia, entonces no hay problema.

En Inglaterra había llovido durante días y el Támesis desbordaba sus riberas.

El mayordomo de un lord inglés llega a la biblioteca donde el lord disfrutaba de su bebida y leía su periódico frente a la chimenea.

—Milord —anuncia—, ¡el Támesis está inundando la calle!

—Gracias, Jeeves —contesta el lord con mucha calma.

Pasados unos minutos el mayordomo vuelve a entrar y anuncia:

—Sir, ¡el Támesis ha llegado a la puerta!

—Muy bien, gracias, Jeeves —contesta el lord sin levantar la vista del periódico.

Después de una hora Jeeves llama a la puerta, la abre y, haciéndose a un lado, anuncia:

—Milord, ¡el Támesis!

Así es como es la gente: vive en una densa nube de inconsciencia. Su vida no es de luz, sino de oscuridad, y de esa oscuridad, confusión y humo, ¿qué se puede esperar? Van a hacer algo tonto, algo erróneo.

A menos que todo el mundo se convierta en buda, persistirá la necesidad de algún tipo de moralidad. La moralidad no es algo grande; es un pobre sustituto de la religión. Si uno puede ser religioso, no hay necesidad de moralidad.

Mi énfasis aquí es en la religiosidad, no en la moralidad, porque he visto el fracaso total de la moralidad. Ha sido, en cierta manera, utilitaria: ha ayudado a la gente a convivir de cierta forma, sin rebanarse la garganta unos a otros con demasiada violencia. Se la rebanan, sí, pero en formas indirectas y por grados, no de repente, y lo hacen con refinamiento. Primero le dan a uno tranquilizantes o drogas para hacerlo inconsciente y que no sienta mucho dolor.

Todas las ideologías políticas y religiosas no son más que tranquilizantes no-médicos. Todo su propósito es que uno viva en sueños para que pueda ser explotado, oprimido, esclavizado, y que no se dé cuenta de lo que le ocurre. Karl Marx tiene razón en ese sentido, en que «la religión es el opio de los pueblos». Pero por religión se refiere al cristianismo, al hinduismo, al budismo. No estaba al tanto de la religión de la que yo hablo, la religión de los budas. Hablaba de la religión organizada, institucional. No hablaba de la experiencia viva de los iluminados. Porque ésa no es un opio, sino exactamente lo contrario: es la consciencia total.

Me preguntas: «¿Debería haber una diferencia entre las normas morales y legales…?».

Hay una diferencia entre las normas religiosas y morales. La religión significa vivir a partir de la consciencia; la moralidad significa vivir de acuerdo con las normas más altas que la sociedad ha impuesto. No es de acuerdo con nuestra propia luz: es el máximo potencial, la esperanza de la sociedad lo que nos es impuesto. Y la norma legal es lo mínimo.

La norma moral es lo máximo, la expectativa más alta de la sociedad, y la norma legal es la expectativa mínima. «Por lo menos debes cumplir con lo legal. Si no puedes elevarte hasta lo moral, entonces por favor cumple con lo legal». Lo legal es el límite más bajo y lo moral es el más alto; de ahí la diferencia. La diferencia está allí.

Hay muchas cosas inmorales que no tienen nada que ver con la ley. Uno puede hacer muchas cosas inmorales, pero no puedes ser atrapado legalmente porque la ley consiste en lo mínimo, el límite más bajo.

Se dice que el buen maestro es aquel capaz de explicar lo que dice al alumno más tonto de la clase. Si el más tonto puede entenderlo, entonces, por supuesto, los demás entenderán. La ley piensa en la persona más tonta, la más inhumana, la que está muy cerca del animal. La moralidad piensa en la más inteligente, la más humana. De ahí la diferencia entre las dos, y la diferencia persistirá.

Y les he recordado una tercera cosa también: la norma espiritual. Ésa es la más alta, la trascendental, más allá de la cual nada existe. Los budas viven de acuerdo con la última, los santos de acuerdo con la moral, y los llamados ciudadanos de acuerdo con la legal. Esas son las tres categorías de los seres humanos.

La sociedad más evolucionada será cuando exista sólo una norma, pero eso es sólo una esperanza. Cuando exista sólo una norma, la espiritual, entonces no habrá necesidad de ninguna ley, de ninguna moralidad, ninguna necesidad del Estado, el magistrado, la policía, los militares. Casi noventa por ciento de nuestra energía se desperdicia en todo este aparato. Si el hombre puede vivir de acuerdo con su propia luz —y eso es posible sólo si alcanza su centro más profundo a través de las meditaciones—, entonces todo ese desperdicio criminal de energía se puede detener. La Tierra puede volverse el mismo paraíso, porque si ciento por ciento de la energía se puede poner a disposición de la creatividad, del arte, de la ciencia, de la música, de la pintura, de la poesía, podemos crear por primera vez una verdadera sociedad de seres humanos.

Por ahora el ser humano sólo es humano en apariencia; en su interior no es más que un animal disfrazado de humano. Su humanidad ni siquiera es tan profunda como la piel; basta rascarlo un poco y de inmediato sale el animal. El ser humano con el que vivimos, con el que hemos vivido hasta ahora, está preocupado por tales trivialidades que sólo puede demostrar su mediocridad; no nos puede dar un atisbo de su inteligencia.

El hombre sigue alegando sobre cosas grandiosas, pero vive en forma del todo diferente. Sus pensamientos son grandiosos; su vida es muy inmadura. De hecho, crea todos esos grandes pensamientos para cubrir su inmadurez.

Cuatro colegas del departamento de filosofía de una universidad fueron a jugar golf. En el primer hoyo encontraron a un cuarteto de psicólogos a punto de empezar un juego.

Uno de los filósofos dijo en son de broma:

—¡Ha de ser muy difícil para ustedes jugar al golf mientras se psicoanalizan uno al otro, amigos!

—Por lo menos no discutimos —replicó uno de los psicólogos— sobre si la pelota estaba en verdad allí o no.

Nuestros filósofos, nuestros psicólogos, nuestros teólogos, se han mantenido en lo abstracto, hablando de grandes cosas para escapar de la fea realidad.

Mi esfuerzo aquí es para ayudarlos a estar más atentos a la fea realidad, porque estar atentos a ella cambiará su fealdad en belleza. La consciencia es un milagro. De otro modo la gente entra en un largo proceso de nimiedades que llaman filosofía, religión, metafísica, espiritualidad. Y se mantiene ocupada en esas tonterías.

En la Edad Media, los grandes teólogos en los países europeos se ocupaban de un problema que los hará reír a ustedes. Trabajaron en él durante cientos de años, y escribieron miles de libros y documentos sobre él: «¿Cuántos ángeles pueden bailar en la punta de un alfiler?». ¡Era un gran problema filosófico! Ustedes reirán, pero ellos se lo tomaban muy en serio.

Ustedes se toman en serio muchas cosas que harán reír a otros; sus hijos reirán de ellas. Desechen de su inteligencia todo el desperdicio abstracto filosófico. Interésense en la verdad.

La verdad es: el hombre no es ni siquiera legal, ¿qué decir acerca de lo moral? Y si ni siquiera es legal o moral, no puede entender la religión. La religión sigue siendo todavía para los pocos escogidos, los valerosos, los inteligentes.

Y los llamados moralistas, los puritanos, no son en realidad personas morales, recuerden. H.G. Wells ha dicho: «La indignación moral son celos con aureola». Y tiene razón. Las personas llamadas morales no son morales en verdad; llevan una doble vida: morales en la superficie, pero en realidad tan inmorales como cualquiera, o aún más. Tal vez su moralidad está allí para ocultar sus actividades ilegales. Y todo el mundo parece estar en el mismo barco. Desde el trabajador más humilde hasta el ocupante del puesto más alto, el primer ministro o el presidente de un país, parece que todos están en el mismo barco. Parece que una persona es moral sólo hasta que es atrapada. Así que la diferencia entre lo moral y lo inmoral está en ser atrapado o no.

Tuve un maestro muy hermoso en mis días de preparatoria. Era musulmán, una persona muy amorosa, y era el maestro de mayor rango en la escuela, así que solía ser el superintendente de todos los exámenes. Y yo lo amaba por varias cosas. Por la que más lo amaba era porque antes de cada examen venía con nosotros y declaraba: «No me opongo a que copien, a que tomen de otros, a que traigan libros: no estoy en contra de nada de eso. Pero si los atrapan, serán castigados. Así que, ténganlo presente, que no los atrapen. Si los atrapan, no puedo perdonarlos, pero si pueden lograrlo, entonces tienen todas mis bendiciones para hacerlo».

Luego decía: «Les doy cinco minutos para pensarlo. Si han traído notas, libros, cualquier cosa, y quieren entregarlos, pueden hacerlo en los próximos cinco minutos. O, si deciden lo contrario, adelante. Pero recuerden, si son atrapados no tendrán mayor enemigo que yo. No les estoy diciendo que no lo hagan. Sólo les estoy diciendo que estoy aquí para castigarlos si son atrapados».

Yo lo amaba. Y muchas personas comenzaban a sacar sus notas y sus libros y los entregaban. «Este hombre es peligroso… ¡está diciendo la verdad!». Pero de él aprendí mi primera lección acerca de lo que es moral e inmoral. La diferencia no es mucha.

Quien pregunta es un juez en Pune, así que es natural que le haya surgido la pregunta: «¿Debería haber una diferencia entre las normas morales y legales en la cuestión de declarar culpable a una persona?». De hecho, declarar culpable a alguien es incorrecto en sí mismo. La persona culpable no es culpable: ha sido criada en una sociedad cargada de culpa. No es del todo responsable por eso. Castigarla es criminal.

Si en una sociedad la gente acumula riqueza, entonces unas cuantas personas están destinadas a robar, a volverse ladrones por necesidad. Nadie es de veras culpable. Toda la estructura de la sociedad es culpable, y se necesita cambiar la estructura. Pero castigamos a individuos y seguimos perpetuando la misma estructura que crea esos crímenes.

Se requiere un cambio radical. Y aun si uno quiere cambiar al individuo, el castigo no es el camino. No se le debe hacer sentir culpable. De hecho, debería enviársele a tratamiento psicológico; necesita un poco más de meditación. Enviarlo unos meses a prisión no va a ayudarlo; simplemente lo confirmará como criminal.

En cinco años de vivir en prisión, ¿qué aprenderá? Encontrará allí maestros ladrones, asesinos y toda clase de criminales, y ellos le enseñarán el arte, en el cual debió de haber tenido deficiencias, pues de otro modo, ¿por qué lo hubieran atrapado? Saldrá de la cárcel más diestro en cometer el mismo crimen o tal vez otros aún mayores.

Estoy en contra de todo castigo; estoy en contra del encarcelamiento. Las prisiones deben ser transformadas en hospitales, y se debe enviar a las personas a centros de meditación, donde puedan aprender un poco más de consciencia, un poco más de ser amorosos, un poco más de meditación. No se les debe cambiar, ni castigar o golpear; esas son formas malvadas de cobrar venganza. ¡Eso no es justicia, es venganza social! La sociedad es vengativa hacia la persona porque la persona no ha seguido a la sociedad.

Toda esta sociedad está podrida y sus sistemas están podridos. Toda esta sociedad necesita ser cambiada desde sus raíces. Su sistema legal, su sistema político, su llamado sistema religioso: todos están podridos, todos son heridas llenas de pus. La sociedad necesita una operación quirúrgica.

Y eso es lo que tratamos de hacer aquí. Naturalmente, la gente se pondrá contra mí porque lo que han pensado son cosas muy importantes, han pensado grandes cosas, y yo estoy diciendo que esas cosas son sólo basura, estupideces.

> Un lord inglés visita a su médico. Cuelga con elegancia su paraguas y su bombín. Luego se quita el saco, la camisa y los pantalones, doblándolos con cuidado, y los pone en una silla. Luego se quita los zapatos y los pone debajo de la silla. Luego se quita su ropa interior, la dobla y la pone en la silla.
>
> En posición de firmes ante el médico, le dice con calma:
>
> —Bueno, doctor, como puede usted ver, mi testículo izquierdo cuelga más abajo que el derecho.
>
> Sonriendo, el médico contesta:
>
> —Oh, pero eso es perfectamente normal. No hay nada de qué preocuparse.
>
> —No estoy preocupado, doctor —responde el paciente—, pero, ¿no le parece que es un poco desarreglado?

Así está la gente… completamente dormida, roncando. Hay que despertarla. Hay que sacudirles sus hábitos. Hay que darle un nuevo nacimiento.

Por eso digo que no necesitamos un mejor ser humano: necesitamos un nuevo ser humano. El mejoramiento ha llevado siglos y nada ha pasado. No necesitamos un mejor hombre, ¡basta de eso! Ahora queremos un hombre totalmente nuevo, discontinuo del pasado. Queremos empezar de nuevo, como si fuéramos Adán y Eva recién expulsados del Edén. Quiero un nuevo principio, porque siempre es más fácil hacer una casa nueva que renovar una vieja. Esta casa vieja ha sido renovada muchas veces, y ustedes siguen renovándola, apuntalándola de este lado y de este otro, y se sigue cayendo. Sigue y sigue, una y otra vez. Y, sin embargo, no se hartan de ella. Quieren seguir viviendo en ella, aun si su vida está en peligro... y así es como es. La humanidad ha llegado a una etapa en la que, si continuamos con los viejos moldes, el hombre está terminado. Sólo hay una esperanza: si comenzamos un nuevo ser humano desde el ABC, sólo entonces la humanidad puede sobrevivir en la Tierra; de otro modo no.

EPÍLOGO

Un día un hombre encontró a un rabino en la calle. En un intento de atormentarlo, le pidió que expresara toda la filosofía del judaísmo parado en un solo pie. El rabí se paró en un pie y dijo: «Haz a otros lo que quisieras que te hicieran a ti. Ésta es la ley… el resto es comentario». Si yo me encontrara con un torturador y me pidiera pararme en un pie y explicar en una oración cuál es tu enseñanza, ¿estaría en lo correcto si le dijera que es la libertad de la supresión?

No sería tan sencillo. Primero, no mencionas el nombre del rabino. Se llamaba Hillel. Es el filósofo judío más famoso, y sin duda condensó toda la filosofía del judaísmo en una sola oración. El incidente es cierto. Le pidieron pararse en un pie y contestar de la manera más corta cuál es la esencia del judaísmo. Y lo que dijo es hermoso, pero no impecable. Dijo: «Haz a otros lo que quisieras que ellos te hagan a ti. Éste es el judaísmo esencial, el resto es comentario». Todas las grandes escrituras de los judíos, la Torah, el Talmud… son sólo comentarios de la sencilla y pequeña aseveración seminal: «Haz a otros lo que quisieras que te hicieran a ti».

En lo concerniente al judaísmo, ningún pensador judío planteó ninguna sospecha al respecto. Tampoco ningún filósofo no judío ha planteado alguna duda al respecto. Pero yo estoy más interesado en la realidad humana que sólo en argumentos filosóficos. Y mirando la realidad humana, la declaración no es correcta, porque mi gusto y tu gusto pueden ser diferentes. Hacer a otros lo que te gustaría que ellos te hicieran sería correcto sólo si el gusto de todos fuera el mismo. Y no es así.

Por ejemplo, alguien es masoquista; le gusta ser golpeado y torturado. ¿Qué debería hacer, torturarte? Según el principio, debería pegarte, torturarte, porque eso es lo que quiere que tú le hagas.

Tal vez Hillel o los filósofos judíos no estaban atentos a que hay personas a quienes les gusta ser torturadas y personas a quienes les gusta torturar. Es de la más reciente percepción psicológica que hay sádicos a quienes les gusta torturar, y masoquistas a quienes les gusta ser torturados; por tanto, se dice que la mejor pareja en el mundo es si por casualidad un sádico y un masoquista se casaran. Entonces viven en el paraíso, porque uno quiere ser torturado y el otro quiere torturar. Los dos disfrutan. Pero es muy difícil. Ningún astrólogo lo piensa, ningunos padres lo piensan; que alguien sea sádico o masoquista no se considera para nada cuando las personas piensan en el matrimonio. Antes de enamorarte, recuerda la primera indagación básica: si eres sádico, encuentra a un masoquista; si eres masoquista, encuentra a un sádico.

Los mejores lugares para encontrar a tales personas son los consultorios de los psicoanalistas. No tienes más que sentarte allí; hallarás toda clase de personas. Pero esa aseveración no sería aplicable.

Y quieres saber, si alguien te pregunta sobre mi punto de vista filosófico... no va a ser tan fácil, porque veo al hombre como un ser multidimensional. Serás capaz de decirlo parado en un pie, no hay necesidad de oraciones, pero tendrás que enunciar diez no mandamientos.

- El primero: libertad.
- El segundo: unicidad de individualidad.
- El tercero: amor.
- El cuarto: meditación.

· El quinto: no seriedad.

· El sexto: jocosidad.

· El séptimo: creatividad.

· El octavo: sensibilidad.

· El noveno: gratitud.

· El décimo: sentimiento de lo misterioso.

Estos diez no mandamientos constituyen mi actitud básica hacia la realidad, hacia la libertad del hombre de toda clase de esclavitud espiritual.

SOBRE EL AUTOR

Osho desafía las clasificaciones. Sus miles de charlas cubren todo, desde la búsqueda individual del significado, hasta los problemas sociales y políticos más urgentes que enfrenta la sociedad en la actualidad. Los libros de Osho no han sido escritos, sino trascritos de las grabaciones de audio y video de sus charlas extemporáneas ante audiencias internacionales. Tal como él lo expone: «Recuerden: lo que estoy diciendo no sólo es para ustedes… estoy hablando también para las futuras generaciones». Osho ha sido descrito por el *Sunday Times*, en Londres, como uno de los «1 000 creadores del siglo xx», y por el autor estadounidense Tom Robbins como «El hombre más peligroso desde Jesucristo». El *Sunday Mid-Day* (India) ha seleccionado a Osho como una de las diez personas —junto con Gandhi, Nehru y Buda— que han cambiado el destino de India. Con respecto a su propia obra, Osho ha declarado que está ayudando a crear las condiciones para el nacimiento de una nueva clase de seres humanos. Él con frecuencia caracteriza a este nuevo ser humano como «Zorba el Buda», capaz tanto de disfrutar los placeres terrenales de un Zorba el Griego, como la serenidad silenciosa de un Gautama el Buda. Un tema principal a través de todos los aspectos de las charlas y meditaciones de Osho es una visión que abarca tanto la sabiduría eterna de todas las eras pasadas, como el potencial más alto de la ciencia y la tecnología de hoy en día (y del mañana). Osho es conocido por su contribución revolucionaria a la ciencia de la transformación interna, con un enfoque en la meditación que reconoce el paso acelerado de la vida contemporánea. Sus Meditaciones Activas Osho® están diseñadas para liberar primero las tensiones acumuladas del cuerpo y la mente, de tal manera que después sea más fácil emprender una experiencia de quietud y relajación libre de pensamientos en la vida diaria.

Una de sus obras autobiográficas disponible es:

Autobiografía de un místico espiritualmente incorrecto (Barcelona: Kairos, 2001).

OSHO
INTERNACIONAL
MEDITATION RESORT

Ubicación: a 100 millas al sureste de Mumbai, en la moderna y floreciente ciudad de Pune, India, el Osho Internacional Meditation Resort es un destino vacacional que hace la diferencia. Se extiende sobre 40 acres de jardines espectaculares en una magnífica área residencial bordeada de árboles.

Originalidad: cada año, el Osho Internacional Meditation Resort da la bienvenida a miles de personas provenientes de más de 100 países. Este campus único ofrece la oportunidad de una experiencia personal directa de una nueva forma de vida: con mayor sensibilización, relajación, celebración y creatividad. Está disponible una gran variedad de opciones de programas durante todo el día y durante todo el año. ¡No hacer nada y simplemente relajarse es una de ellas!

Todos los programas se basan en la visión de Osho de «Zorba el Buda», una clase de ser humano cualitativamente diferente que es capaz tanto de participar de manera creativa en la vida diaria como de relajarse en el silencio y la meditación.

Meditaciones: un programa diario completo de meditaciones para cada tipo de persona, incluye métodos que son activos y pasivos, tradicionales y revolucionarios, y en particular, las Meditaciones Activas Osho®. Se llevan a cabo en lo que debe ser la sala de meditación más grande del mundo: el Auditorio Osho.

Multiversidad: las sesiones individuales, cursos y talleres cubren todo: desde las artes creativas hasta la salud holística, transformación personal, relaciones y transición de la vida, el trabajo como meditación, ciencias esotéricas, y el enfoque zen ante los deportes y la recreación. El secreto del éxito de la Multiversidad reside en el hecho de que todos sus programas se combinan con la meditación, la confirmación de una interpretación de que, como seres humanos, somos mucho más que la suma de nuestras partes.

Spa Basho: el lujoso Spa Basho ofrece una piscina al aire libre rodeada de árboles y prados tropicales. El espacioso jacuzzi de estilo único, los saunas, el gimnasio, las canchas de tenis… todo se realza gracias a su increíble y hermoso escenario.

Cocina: hay una variedad de áreas para comer donde se sirve deliciosa comida vegetariana occidental, asiática e hindú, la mayoría cultivada en forma orgánica especialmente para el Osho Internacional Meditation Resort. Los panes y pasteles también se hornean en la panadería propia del centro.

Vida nocturna: se pueden elegir diversos eventos en la noche, entre los cuales bailar ¡es la opción número uno de la lista! Otras actividades incluyen meditaciones con luna llena bajo las estrellas, espectáculos de variedades, interpretaciones musicales y meditaciones para la vida diaria.

O simplemente puedes disfrutar conociendo gente en el Café Plaza, o caminar bajo la serenidad de la noche por los jardines de este escenario de cuento de hadas.

Instalaciones: puedes satisfacer todas tus necesidades básicas y adquirir artículos de tocador en la Galería Multimedia, que vende una amplia gama de productos multimedia Osho. También hay un banco, una agencia de viajes y un cibercafé en el campus. Para aquellos que disfrutan las compras, Pune ofrece todas las opciones, que van desde los productos hindúes étnicos y tradicionales hasta todas las tiendas de marcas mundiales.

Alojamiento: puedes elegir hospedarte en las elegantes habitaciones de la Casa de Huéspedes de Osho, o para permanencias más largas, se puede optar por uno de los paquetes del programa Living-in. Además, existe una abundante variedad de hoteles y apartamentos con servicios incluidos en los alrededores.

www.osho.com/meditationresort

PARA MAYOR INFORMACIÓN

www.OSHO.com

Página web en varios idiomas que incluye una revista, los libros de Osho, las charlas de Osho en formatos de audio y video, el archivo de textos de la Biblioteca Osho en inglés e hindi, y una amplia información sobre las Meditaciones Activas Osho®. También encontrarás el plan del programa de Multiversidad Osho e información sobre el Osho International Meditation Resort.

Páginas web

http://osho.com/resort

http://osho.com/magazine

http://osho.com/shop

http://youtube.com/user/oshoInternational

http://osholibros.blog.osho.com

https://twitter.com/osho_espanol

https://www.facebook.com/oshoespanol

http://www.fl ickr.com/photos/oshointernational

http://www.osho.com/todosho

Para contactar a osho International Foundation

www.osho.com/oshointernational

oshointernational@oshointernational.com

ACERCA DEL CÓDIGO QR

Este código QR te enlazará con el canal de Youtube Osho Español, facilitándote el acceso a una amplia selección de Osho Talks, las charlas originales de Osho, seleccionadas para proporcionar al lector un aroma de la obra de este místico contemporáneo. Osho no escribía libros; sólo hablaba en público, creando una atmósfera de meditación y transformación que permitía que los asistentes vivieran la experiencia meditativa.

Aunque las charlas de Osho son informativas y entretenidas, éste no es su propósito fundamental. Lo que Osho busca es brindar a sus oyentes una oportunidad de meditar y de experimentar el estado relajado de alerta que constituye la esencia de la meditación.

Los videos incluyen subtítulos en español y se recomienda verlos sin interrupciones. Éstos son algunos de los consejos de Osho para escuchar sus charlas:

> «El arte de escuchar está basado en el silencio de la mente, para que la mente no intervenga, permite simplemente lo que te está llegando».
>
> «Yo no digo que tengas que estar de acuerdo conmigo. Escuchar no significa que tengas que estar de acuerdo conmigo, ni tampoco significa que tengas que estar en desacuerdo».
>
> «El arte de escuchar es sólo puro escuchar, de facto, sin distorsión».

«Y una vez que has escuchado, entonces llega un momento en el que puedes estar de acuerdo o no, pero lo primero es escuchar».

Si no dispones de un smartphone, también puedes visitar este enlace: https://www.youtube.com/user/oshoespanol/videos

Moral, inmoral y amoral de Osho
se terminó de imprimir en marzo de 2021
en los talleres de
Impresora Tauro, S.A. de C.V.
Av. Año de Juárez 343, col. Granjas San Antonio,
Ciudad de México